Une anthropologie économique

Ethique économique

Collection dirigée par François Régis Mahieu

L'éthique rejoint l'économie dans la recherche du bonheur pour soi et pour les autres. L'individu n'est pas totalement opportuniste, il concilie égoïsme et altruisme. Reconnaître les formes de l'éthique est une priorité en économie : vertu, responsabilité, discussion, justice. Une attention particulière est accordée à l'éthique du développement, en particulier à la considération accordée à la justice intra et intergénérationnelle dans le cadre du développement durable. L'éthique se traduit par des évaluations et des sanctions vis-à-vis de ceux qui ont la responsabilité de la *vie bonne.*

Cette collection concilie recherche et pédagogie, réflexion et action, dans l'optique la plus large possible.

Dernières parutions

François-Régis MAHIEU, Thierry SUCHÈRE (coord.), *Autour de l'anthropologie économique. Actualité des écrits du professeur André Nicolaï*, 2014.
Jérôme BALLET et Mahefasoa RANDRIANALIJAONA (eds.), *Vulnérabilité, insécurité alimentaire et environnement à Madagascar*, 2011.
Jean-François TRANI (ed.), *Development efforts in Afghanistan: Is there a will and a way?*, 2011.
Arnaud MAIGRE, *De l'éthique en économie*, 2010.

Retrouvez les autres titres de la collection en fin d'ouvrage.

François Régis Mahieu

Une anthropologie économique

L'Harmattan

Du même auteur

Logique déductive et théorie économique,
Paris, L'Harmattan, 1989.

Ethique économique, fondements anthropologiques,
Paris, L'Harmattan, 2001.

Ethique économique,
Paris, Ellipses, 2003 (avec Jérôme Ballet)

Responsabilité et crimes économiques,
Paris, L'Harmattan, 2008.

Autour de l'anthropologie économique, actualité des écrits du Professeur André Nicolaï,
Paris, L'Harmattan, 2014 (avec Thierry Suchère).

5-7, rue de l'Ecole-Polytechnique, 75005 Paris

http://www.harmattan.fr
ISBN : 978-2-343-10481-2
EAN : 9782343104812

Remerciements

Cet ouvrage a bénéficié du travail effectué auprès de l'Unité Mixe Internationale de Recherche, « Résiliences ». Cette unité de l'Institut de Recherche pour le Développement (IRD applique un principe de parité scientifique, au delà d'un simple partenariat ; Elle est dirigée par le professeur Mama Ouattara (Université Houphouet Boigny) qui a succédé à Jean Luc Dubois, directeur de recherche à l'IRD.

Le retour des économistes vers l'anthropologie doit beaucoup à Thierry Suchère qui a pris le risque d'organiser deux colloques en 2005 et 2006, à l'Université du Havre sur la pensée du professeur André Nicolaï et l'anthropologie économique,

Ce processus de recherche a été entamé à l'Université de Versailles St Quentin en Yvelines au Centre d'Economie et d'Ethique pour l'Environnement et le Développement (C3ED), devenu Centre d'Etudes sur la mondialisation, les conflits, les territoires et les vulnérabilités (CEMOTEV).

Jérôme Ballet (Université de Bordeaux), Damien Bazin (Université de Nice), Bruno Boidin (Université de Lille) m'ont aidé par leurs remarques sur certaines analyses.

Enfin, Marie France Jarret (Université du Maine) a corrigé les différentes versions avec efficacité et a contribué à rendre plus lisible cet ouvrage.

Je remercie tous ceux qui m'ont aidé, tout en assumant, seul, la responsabilité des défauts éventuels, contenus dans cette publication.

« *Il faut voir ce qu'emporte le mot de personne. C'est à ce que je crois un être pensant et intelligent, capable de raison et de réflexion, et qui peut consulter soi-même comme le même* ».
John Locke, *Essai sur l'Entendement Humain.*

Introduction

Dès son apparition, dans les années 1940, l'approche anthropologique de l'économie a été un lieu de conflits. Les anthropologues, Godelier (1974), Terray (1969), dénoncent l'« économicisme » des économistes ; ces derniers, par exemple, Knight (1941), rejettent l'optique pluridisciplinaire « descriptive» des anthropologues.

Certains économistes (Nicolaï, 1960, 1974) ont tenté de jeter un pont entre les deux disciplines, mais ils furent rapidement mis hors d'état de nuire. Lévi-Strauss (2011) constate que « le débat fait rage » entre l'anthropologie et la science économique, dont il souhaite l'ouverture vers les préoccupations techniques, culturelles, sociales et religieuses afin de mieux comprendre l'homme.

Or, la nature de l'homme suscite de nombreuses discussions théoriques dans l'économie politique depuis le XVIIe siècle. Le mot anthropologie[1] appartient au vocabulaire de l'anatomie et a pour objet, le corps humain. « *C'est l'art que plusieurs appellent l'anthropologie* » (Diderot, *Encyclopédie*, « Anatomie »). Cette anatomie humaine est caractéristique de l'œuvre de William Petty, par exemple de son *Anatomie politique de l'Irlande* (1672). Fondateur de l'économie politique, il s'interroge

[1] Dans *l'Ethique de Nicomaque*, Aristote crée l'adjectif *anthropologos* pour désigner péjorativement celui qui « parle de l'homme » en effectuant des commérages.

sur l'échelle des créatures depuis les animaux jusqu'à Dieu, en passant par les Irlandais. L'anthropologie économique a trait crûment à la valeur de l'homme, à la rente capitalisée de son activité durant sa vie! Cette tradition de l'anatomie humaine, propre aux médecins spéculatifs, sera abandonnée dès les Physiocrates au profit de l'ordre naturel et des catégories macroéconomiques.

Rousseau, dont la philosophie sur l'ordre naturel diverge du conservatisme des Physiocrates, énonce dans l'*Essai sur l'origine des langues*, une règle de méthode constitutive de l'anthropologie :

« *Quand on veut étudier les hommes, il faut regarder près de soi ; mais pour étudier l'homme, il faut apprendre à porter sa vue au loin ; il faut d'abord observer les différences pour découvrir les propriétés* ».

Depuis la « révolution keynésienne », l'économie consiste principalement à réguler les agrégats : produit intérieur brut, consommation, épargne, solde du commerce extérieur, endettement, etc. Ces agrégats résultent des comptes écrans de la comptabilité nationale ; cette optique fonctionnelle fait disparaître les personnes que l'on affuble d'hypothèses de comportement généralisé, par exemple, d'utilisation du revenu ou de décision d'investissement, etc. Les conséquences sur les personnes sont éludées. Autre exemple : au nom de la flexibilité de l'emploi, le licenciement d'un travailleur permettrait l'embauche de plusieurs demandeurs d'emploi, mais le suivi des nouveaux chômeurs n'est pas mis en oeuvre dans un pays où la médecine du chômage n'existe pas.

La question anthropologique reste globalement non traitée en économie, malgré la place donnée à l'individu de la microéconomie, et à la personne support de capabilités (Sen, 1974) à l'origine de la notion de développement « humain ». Cependant, l'homme reste le principal obstacle à la prévision économique. L'approche anthropologique de l'économie permettrait de résoudre des incomplétudes de l'analyse économique.

Notre essai tente de surmonter ces conflits qui ont conduit à une quasi-disparition de l'anthropologie économique (Hugon, 2016). Il montre que ces deux disciplines se complètent et permettent de nouvelles compréhensions. L'économie a besoin de dépasser le stade de *l'homo oeconomicus* pour s'ouvrir vers la personne totale. La connaissance de la personne, de sa vulnérabilité, de sa souffrance, de son éventuelle résilience, fait appel à une méthode dite « anthropologique » adaptée aux différentes sciences de l'homme et de la société, sociologie, psychologie, ethnologie, mais faiblement répandue en économie dans un contexte très conflictuel[2]. Par exemple, l'approche anthropologique de l'économie montre la priorité du calcul communautaire, avec ses contraintes, par rapport au marché (Meillassoux, 1975). Elle complète nombre de domaines délaissés par les économistes : la vulnérabilité, la souffrance, le ressenti, la violence, etc. Elle complète l'analyse du comportement humain en intégrant la psychanalyse.

A l'inverse, la théorie économique permet d'enrichir l'anthropologie par ses méthodes et ses modèles. Par exemple, l'anthropologie a besoin de l'économie pour analyser les phénomènes de production et de distribution dans les sociétés traditionnelles. La question devient alors

[2] Le débat économique va s'inviter à propos de l'anthropologie, opposant la démarche néoclassique à la pensée marxiste. Cette source d'inspiration étant particulièrement influente en France, la pensée anthropologique française sera assimilée au marxisme ; les principaux auteurs étant Maurice Godelier, Emmanuel Terrray, Claude Meillassoux.

de savoir si la théorie économique permet de mieux comprendre ces sociétés.

Ainsi l'ouvrage de Le Clair et Schneider (1968) montre quelques rares essais d'application de la microéconomie à l'ethnologie. Néanmoins, l'approche anthropologique de l'économie va au-delà d'un simple constat en devenant normative par la place « éminente » accordée à la personne, *a priori* vulnérable et souffrante.

L'approche anthropologique de l'économie marque la priorité de la connaissance de l'homme, sous tous ses aspects, dont l'aspect économique, et le retour à la prise en compte du sujet. Elle se rattache à la phénoménologie en privilégiant la dimension humaine des phénomènes économiques. Elle privilégie le sujet et son ressenti.

L'homme est étudié en tant que personne, objet du devoir et sujet de droit. L'homme est une personne douée de la conscience de soi (le « je ») et différente des animaux. Sa faculté d'entendement est universelle, elle est associée à l'autonomie de la volonté. Ce principe est premier en anthropologie, tout en étant insuffisant à lui seul. Il existe chez tout individu une volonté estimable en elle-même. Cette volonté le fait accéder à la loi morale sans que celle-ci soit soumise à des inclinations personnelles ou à une volonté extérieure. Cette loi morale que chacun adopte en faisant en sorte qu'elle soit universelle se traduit par des impératifs catégoriques. Cette reconnaissance de l'universalité fait qu'à ce niveau, la qualité d'homme est première avant toute altérité ayant trait à la société d'appartenance ou d'adhésion. Ainsi l'anthropologie, dans sa reconnaissance de l'universalité, conduit à une éthique première : le respect de l'homme dans ses qualités universelles. L'homme ne peut être un moyen, il est la fin pour tout autre homme. Cette supériorité de l'homme par rapport à l'animal lui fait déterminer sa propre évolution en édictant des règles et en élaborant une culture. Soumettre *a priori* l'homme, tel un animal, à des lois d'évolution, soumettre sa capacité intellectuelle à des critères physiques (cf. l'indice céphalique de l'évolutionnisme), sont autant de procédés contraires aux priorités de l'anthropologie philosophique[3].

Il existe des différences selon les individus et les sociétés auxquelles ils participent ; dans la manière de réaliser des « impératifs », on observe un comportement particulier de chaque individu par rapport à des normes plus ou moins comprises, acceptées, assimilées. Cela dépend de la personnalité de chacun, de sa faculté à se soumettre, de son degré d'altruisme et de bienveillance, de son information et de sa culture.

En fonction de cette intériorisation, il peut concevoir une stratégie d'aménagement des normes. Ainsi tout individu est soumis à des raisons subjectives qui ne coïncident pas toujours avec la raison objective ; il faut alors une contrainte pour établir cette conformité. La représentation de cette contrainte pour la volonté s'appelle dans la terminologie kantienne un « impératif ». Tous les impératifs s'expriment par le verbe « devoir » sous une forme soit « catégorique », soit « hypothétique ».

L'impératif hypothétique est lié à une action possible comme moyen pour arriver à des fins données, hypothétiques ou réelles. L'analyse économique construit la plupart de ses propositions sur ce type d'impératif : combiner rationnellement des moyens rares à usage alternatif en vue de maximiser sa satisfaction.

La personne est multiple, à l'image de la société humaine, de ses systèmes, structures, institutions, fonctions. L'anthropologie économique ne peut que

---

[3] Au début du XXe siècle, des économistes, par exemple Veblen, ont utilisé massivement l'anthropologie physique (Mahieu, 2001).

réduire, à l'image d'autres anthropologies, cette complexité à une fiction méthodologique, le plus souvent un dualisme. Les dualismes les plus connus en anthropologie ont lieu en psychanalyse : Freud avec la double pulsion de la mort et du sexe, Adler (1949) avec une double personnalité fondée sur la soif solitaire de puissance et le besoin de communauté humaine. Plus proche de l'économie, Bataille (1980) dédouble l'homme entre son existence ordinaire utile et sa pathologie faite d'excès et de violence. L'approche phénoménologique émet l'hypothèse d'une personne plongée dans le monde, notamment de droits et d'obligations. Cette personne est fragile, vulnérable, faillible, disposant de capacités, dont la perte traduit une souffrance essentiellement mentale.

Notre démarche accorde une grande place à la souffrance de la personne ; souffrance principalement mentale où la psychologie et à la psychanalyse jouent un rôle éminent. Diminuer la souffrance est une obligation première. Concrètement, l'analyse de la souffrance liée à l'économie, telle la souffrance au travail ou en situation de chômage, etc., réduit la vie à une série de malheurs. Les personnes doivent être protégées contre toute atteinte à leur vie. La vie économique est productrice de malheurs psychologiques qui se substituent aux qualités d'une vie heureuse. Le bonheur si naturel pour Philippa Foot (2014) renforce l'aliénation de nos contemporains soumis au malheur. L'anthropologie révèle ainsi une société du malheur, contredisant l'hédonisme omniprésent en économie.

L'influence des écrits philosophiques de Paul Ricoeur est importante dans notre démarche : sa théorie des capacités constitutives de la personne est très générale. Sa conception de la souffrance et de la fragilité de la personne est source de nouvelles réflexions en économie ; cette

personne et son environnement pouvant prendre toutes les valeurs. Mais le fait de la considérer comme fragile implique de la protéger, et exige donc une analyse normative. La personne permet de représenter individuellement les contraintes sociales. Elle est à la fois individuelle et structurale.

Le titre de cet ouvrage est « une » anthropologie économique ; en effet, il n'est qu'une interprétation particulière de l'anthropologie économique, soulignant la complémentarité entre les deux disciplines au lieu d'une opposition frontale et la nécessité d'un élargissement de la problématique économique. Cet élargissement concerne le sujet (passage de l'individu à la personne), les valeurs (admission de valeurs négatives pour l'altruisme, le capital social, la responsabilité), les références disciplinaires (levée du tabou régnant sur la psychanalyse).

Cet élargissement concerne aussi l'anthropologie économique qui reste marginale par rapport aux approches culturelles et sociales. La plupart des traités n'en font même pas mention.[4]

Le premier chapitre rappelle les principales caractéristiques de la personne. La conception retenue de la personne est inspirée de la phénoménologie : la personne est plongée dans un monde de droits et d'obligations et a la capacité à s'imputer une responsabilité.

L'objet de notre recherche s'élargit dans le deuxième chapitre pour devenir « une anthropologie de la personne responsable ».

---

[4] L'histoire de l'anthropologie de Florence Weber (2015) ne mentionne pas cette approche. Néanmoins il existe une *Society for Economic Anthropology*, principalement américaine qui publie la revue *Research in Economic Anthropology*.

Dès lors, une révision de l'approche économique est nécessaire, en remettant en cause le principe hédonistique pour une prise en charge de la discontinuité et de l'ensemble des valeurs négatives. Ce phénomène fait l'objet d'un troisième chapitre.

Il s'inspire également de l'anthropologie courante en revenant au terrain, au langage et aux conditions de vie. Ce retour au terrain est illustré au quatrième chapitre.

Deux apports majeurs sont généralement négligés en économie, la vulnérabilité et la souffrance. Ils complètent l'analyse de la personne, notamment en considérant l'importance de la psychanalyse dans le cadre d'une personne devenue responsable, vulnérable et souffrante. Ils feront l'objet des deux derniers chapitres.

Chapitre 1. Nature de l'anthropologie économique

Il existe une pluralité d'écrits privilégiant soit le sujet, soit la structure, ou en d'autres termes le formalisme contre le substantivisme. L'anthropologie est souvent confondue avec l'ethnologie. Elle est très liée à la sociologie en tant qu'anthropologie sociale et sa relation avec l'économie reste marginale. Ce chapitre revient sur l'anthropologie, comme analyse de l'individu, puis sur l'anthropologie économique, comme étude de la personne engagée dans une activité économique. La question éthique a trait à la nature de la personne engagée et à son identité personnelle.

1. L'anthropologie

L'anthropologie, selon Kant (1798), est «*la doctrine de la connaissance de l'homme formulée de manière systématique* ». Kant précise qu'il s'agit de la personne, capable de conscience de soi. On en déduit que l'anthropologie a trait à la connaissance de la personne dans sa totalité et qu'elle peut être associée à de nombreux domaines.

La personne est un concept central de l'anthropologie philosophique[5], notamment kantienne. Elle tend à distinguer l'individu de l'espèce humaine des autres

[5] Bernard Groethuysen souligne dans son *Anthropologie philosophique* (1928-1931) comment l'injonction « connais-toi toi-même » existe depuis la réflexion sur soi et la vie humaine.

individus par sa capacité à réfléchir sur soi et sa vie avec les autres. Ce que réaffirme avec force la première phrase de *L'anthropologie du point de vue pragmatique* de Kant :

« Posséder le Je dans sa représentation : ce pouvoir élève l'homme infiniment au-dessus de tous les êtres vivant sur la terre. Par là, il est une personne ».

La question de l'anthropologie philosophique s'interprète soit comme une réflexion sur la nature humaine, soit comme une réflexion sur la condition humaine. Cette question générale est préalable à un éclairage particulier. Il existe une infinité de points de vue sur la question « Qu'est-ce que l'homme ? », dans le temps (l'homme primitif, moderne, post moderne), dans l'espace (autonome ou hétéronome) et surtout du point de vue disciplinaire. Il est fatal qu'une question aussi générale soit pluridisciplinaire et donc soit à examiner au sein de chaque discipline scientifique. Une anthropologie peut être métaphysique en se posant la question augustinienne « Qui suis-je ? » ou encore être naturelle ou physiologique en recherchant ce que la nature fait de l'homme. Elle pose, dans sa version philosophique, la question de la connaissance de l'homme, *« de ce que l'homme, comme être agissant par liberté, fait ou peut et doit faire de lui-même »* (Kant, 1798). Quel est cet homme, sinon une personne participant à la fois à l'universalité du genre humain et à son altérité ?

Plus tard, Claude Lévi-Strauss, dans son « Introduction à l'œuvre de Marcel Mauss » (1950), définit l'anthropologie comme :

« *Un système d'interprétation rendant simultanément compte des aspects physique, physiologique, psychique, et sociologique de toutes les conduites* ».

Mauss évoque *« l'anthropologie, c'est-à-dire le total des sciences qui considèrent l'homme comme être vivant, conscient et instable* ». L'anthropologie reconnaît l'homme à la fois dans l'universalité et dans l'altérité. L'homme dépasse le stade d'un individu anonyme car, sujet autonome, il reconnaît des normes universelles, et sujet capable d'altérité, il internalise et adapte les moyens de mettre en action ces normes en fonction de sa personnalité et de sa communauté. L'homme universel est d'abord confronté à des normes. Il est moral, en reconnaissant, en tant qu'être autonome, des normes universelles. Mais, dès qu'il participe à des communautés, il tranche en permanence dans des conflits de normes. L'homme recrée : il recrée sa communauté, sa société, son ethnicité, ses valeurs. Ces recréations sont quelquefois évidentes : par exemple la recréation permanente de l'ethnicité, des relations de travail, de la famille. L'homme invente, en interaction sociale, sa réaction aux contraintes les plus exorbitantes : guerres, famines, pandémies.

Mais la reconnaissance de l'homme dans son unité (chaque homme est autonome et capable de reconnaître des règles universelles) implique celle de sa diversité. Tout homme est capable d'internaliser des règles en fonction de ses caractéristiques propres et par l'intermédiaire de ses communautés (d'appartenance et d'adhésion). Cette altérité accompagne l'universalité, elle pose des différences et demande à être relativisée. Ce couple indissociable, universalité et altérité, fonde l'anthropologie et favorise les effets de miroir.

La manifestation explicite de mœurs, par exemple collectivistes, dans une société donnée, permet de mieux comprendre ces formes implicites dans d'autres sociétés, apparemment réfractaires à ces comportements.

2. La question anthropologique dans la théorie économique contemporaine

Si l'approche anthropologique de l'économie a été marginalisée, en étant assimilée à l'ethnologie, à l'étude des sociétés primitives ou encore de la petite paysannerie, le comportement de l'homme n'est pas absent de la théorie économique contemporaine ; que ce soit par les hypothèses de la microéconomie ou l'insertion (tant risquée) de variables de comportement dans les modèles de la macroéconomie. Pari souvent perdu, car l'homme est indifférent, il surréagit ou résiste aux politiques économiques. Le comportement économique est une source inépuisable de critiques et de dépassements de la science économique, tant les hypothèses qu'elle peut formuler sur le comportement individuel, les situations interindividuelles, et les interactions sociales, sont infinies. Des chercheurs francophones[6] ont tenté de développer une anthropologie économique sous l'impulsion d'André Nicolaï, dans les années 1960. Cette approche était très attachée au terrain, plutôt pluridisciplinaire, monographique, qualitative plutôt que quantitative. Essayant de ne pas tomber dans l'ethnocentrisme, elle «*est davantage une démarche, une méthode, qu'une théorie de référence*», selon Gastellu (1984).

A l'image d'autres perspectives, l'anthropologie économique n'est pas une discipline, elle représente une problématique de l'homme sous l'angle économique. L'anthropologie constitue une partie de l'analyse économique ; partie méconnue, car les besoins de la politique économique obligent à la macroéconomie.

[6] En particulier de l'Office pour la Recherche Scientifique et Technique en Outre-Mer, devenu Institut Français de Recherche Scientifique pour le Développement en Coopération et, finalement, Institut pour la Recherche pour le Développement (IRD).

L'approche est particulière, à la fois du point de vue du domaine de réflexion et du point de vue de la méthode. Si l'anthropologie économique est souvent assimilée à l'ethnologie économique, à savoir l'étude des sociétés primitives, elle s'en détache pour traiter de la personne dans la société contemporaine. Selon Ricoeur, la capacité à l'imputation accroît une prise de responsabilité qui est une contrainte sur le temps, le revenu ; il devance les économistes sur des phénomènes tels que la vulnérabilité et la souffrance.

En définitive, l'anthropologie économique recentre l'économie sur la personne et ses expériences de vie. Cette méthode comprend un fait social sans faire intervenir immédiatement la théorie abstraite et ses modèles. Ainsi les transferts *inter vivos* seront compris dans le système communautaire avant de faire appel à une théorie de l'assurance ; de même l'ordre social fondé, par exemple au Burundi et au Rwanda, sur la consommation de bière de banane, doit être rappelé avant tout ajustement structurel. Ces représentations collectives relèvent d'une pression communautaire et non d'un échange volontaire. Elles modifient l'explication usuelle des principaux marchés, emploi, biens et services, etc. Le fait de se centrer sur l'homme, en le resituant en tant que personne totale, implique de lever le tabou de la psychanalyse en économie.

L'anthropologie économique est de nature positive, elle s'appuie sur les données de terrain, mais en instaurant la personne, elle prend une valeur normative. La personne est universelle et digne de respect quand elle satisfait à ses droits et à ses obligations. Un des domaines privilégiés de l'approche anthropologique de l'économie correspond à la théorie du développement, non comme une analyse comparative et relativiste, mais comme une recherche à travers les altérités, d'un homme économique universel.[7] La microéconomie a une dimension anthropologique quand elle étudie l'homme dans son universalité et dans sa façon propre d'appliquer les normes.

De fait, l'anthropologie économique recherche des universalités et les diverses altérations que chaque personne leur apporte en fonction de son origine ethnique, linguistique, sa communauté et le système de droits et obligations qui en découle, tout en confrontant cette démarche aux théories économiques. La réhabilitation de l'homme passe par sa considération comme personne et non plus comme individu. En quoi est-il différent de l'animal ? L'homme est autonome et exprime sa volonté. Il retrouve ainsi des règles universelles qu'il fait siennes. Le problème de l'origine des règles est alors évacué du débat pour se demander en quoi cet édifice de règles est cohérent. Ce type d'approche caractérise les premières problématiques de l'axiomatique des choix collectifs (Arrow, Sen). Il trouve son prolongement dans une conception de la responsabilité et plus généralement des théories économiques de la personne. Néanmoins ce courant de pensée trouve difficilement sa place entre les perspectives évolutionnaires et le courant hyper libéral. D'autre part, de nombreux courants de la théorie économique développent cette complexité de l'homme et en même temps sa rationalité substantielle.

Cette complexité tient par exemple dans la capacité de l'homme à réagir aux signaux, qu'il soit le paysan misérable face aux périodes de soudure ou le *golden boy* des places financières. Cette capacité se transforme en

---

[7] Le développement prend forme dans l'esprit du développeur. Quand cet « expert » prend conscience qu'il traite de personnes et non d'individus capables de volonté morale et de rationalité, son action prend un sens universel.

anticipations qui détruisent l'effet de surprise de la politique économique. La relation de pouvoir du politicien et des experts par rapport à l'agent économique est contrariée par les capacités rationnelles d'agents qui ne sont plus des objets systématiquement obéissants. Dès lors la politique économique n'a plus l'efficacité escomptée sur les individus supports d'agrégats. Il faut pour cela connaître les modes d'internalisation des signaux et des normes par les hommes. L'économie est alors phénoménologique.

Une autre façon d'envisager la complexité de l'homme tient dans un dédoublement de sa personne. Il est par exemple à la fois égoïste et altruiste, contraint et libre, raisonnable (épris de justice) et rationnel (à la recherche du « bien »). Il peut encore être une sorte d'agent voyageur, visitant successivement la communauté familiale, l'institution du travail, le marché concurrentiel. Le sens de la visite peut être déterminé par des règles, ou mieux une priorité morale. Néanmoins, cette priorité peut très bien ne pas être posée : l'homme peut considérer indifféremment les doses d'utilité tirées des biens (son camembert) et des personnes (sa grand-mère). Il peut encore être alternativement égoïste et altruiste à la façon de l'enfant « gâté-pourri » de Becker (1974), qui simule l'altruisme afin de maximiser ses gains égoïstes. En conséquence, la politique économique est floue. Elle croit par exemple frapper dans un pays en développement le riche urbain, mais oublie que celui-ci supporte ses obligés ruraux. Elle oppose, dans une économie développée, les rentiers aux chômeurs, sans voir les solidarités intergénérationnelles. La réflexion économique sur la condition humaine n'établit pas le passage de l'homme, de l'état de nature à celui de la liberté.

L'homme hétéronome, en état de nature ou dans un ordre spontané, subit la liberté ; il n'a pas exercé sa libre volonté et recherché des lois universelles. L'homme libre, exprimant sa volonté, ne subit pas la liberté et ne la fait pas subir aux autres, sans avoir réfléchi à ses conséquences du point de vue du souverain Bien.

3. Définition de l'anthropologie économique

L'anthropologie économique est définie ici, comme une reconstruction hypothétique de la personne, dans le cadre de la théorie économique. Dit autrement : l'anthropologie économique prolonge la conception économique de l'individu en considérant la personne responsable. Cette définition appelle de nombreux commentaires sur le fait que la notion de personne repose sur l'anthropologie philosophique, alors que cette prise en compte est limitée en économie par l'état de ses connaissances. Dit autrement (et de façon plus brutale), l'anthropologie économique est le sous-ensemble commun de l'anthropologie philosophique et de l'anthropologie des économistes.

Il est hors de question de prétendre à une personne totale et réelle. S'il est évident que la personne est un fait total, seuls les aspects pouvant rentrer dans le champ de la méthode et de la théorie économique seront pris en compte. La méthode économique est hypothétique, elle peut faire des hypothèses sur les actes substantiellement économiques (production, consommation, échange) et plus largement, compte tenu de sa méthode, sur les autres aspects (domestiques, politiques, culturels, ludiques, etc.) de la personne. Cette construction peut ainsi être très large, mais elle ne prétendra pas à la totalité, encore moins à la réalité. Cette personne ainsi analysée est hypothétique (soumise à des hypothèses préalables) et ne saurait être réelle. De ce fait, la prospective est très limitée dans ce domaine et se heurte à un renouvellement permanent du comportement et donc des hypothèses. Mais cette complexité ne saurait être assimilée à un ordre spontané « réel ». Toute prétention à la totalité et à la dynamique d'une personne « réelle » serait extrêmement normative (l'ordre libéral par exemple) tant elle serait rapidement démentie par les faits. Si la personne est hypothétique, il existe de nombreux indices (anthropologiques) qui permettent au moins d'infirmer les théories.

L'anthropologie économique a besoin d'enquêtes, de relevés, de recensements, mais aussi de collections de faits sur les hommes, leurs capacités et leurs opinions. Mais là encore l'induction (déduire des collections de faits des lois probabilisables) est un exercice périlleux qui ne saurait justifier un ordre ou une idéologie. On réalise donc ici une analyse compréhensive, une « utopie économique » de la personne en développant un certain nombre d'hypothèses et d'outils de méthode propres à la science économique. Ce regard particulier sur la personne (partiel et hypothétique) diverge de toute conception réaliste ou prétendant à une « personne totale », dont la complexité réelle serait mise en évidence. Cet aspect partiel a pour but de montrer les libertés qui résultent des choix de la personne, bref un contexte personnaliste de liberté, lequel peut être envisagé avec toutes formes de société, même les plus exclusives, avec les contraintes les plus fortes sur la liberté politique ou économique. Cette hypothèse « libérale » n'a que faire d'un libéralisme qui imposerait une idéologie libérale. On peut néanmoins faire l'hypothèse d'une « personne » qui gère ses contraintes avec un espace de liberté. Les conséquences de cette liberté limitée (jouant sur l'environnement social) peuvent être, par exemple, les transferts (l'épargne n'étant qu'une

« fuite » non contrôlée, résultante de l'intergénérationnel et de l'intertemporel, de l'égoïsme et de l'altruisme), et les activités parallèles ou pluriactivité, dont la plupart sont informelles et représentent une fuite hors de la production formelle. Cette liberté est capable de s'opposer et de déjouer les plans libéraux des experts. Il est question d'un homme contemporain au nom du principe historique de récurrence : à l'aide des considérations anthropologiques de la philosophie et de la théorie économique, on traite ici d'une personne sous l'angle économique.

Ces considérations sont renforcées par des effets de miroir d'une société à une autre, en particulier les altérités que l'on trouve dans les travaux de terrain. Cette conception de l'homme contemporain tente de rester « neutre » du point de vue de la philosophie de l'histoire. Il est hors de question de vouloir argumenter sur une amélioration ou une détérioration de la personne et de la société au cours du temps.

4. Anthropologie économique ou économie anthropologique ?

La question de l'homme est première en économie, aussi bien dans ses références antiques à l'*oikos* que dans le principe contemporain de l'optimum.

L'économie anthropologique tend à économiciser l'anthropologie ; telle est l'œuvre de Gary Becker (1974) qui analyse le mariage, les transferts, le divorce, ou encore le « théorème » de Barro (1974) sur l'aide des vieux aux jeunes. Une économie anthropologique ne fait qu'intégrer une dimension humaine à une question économique préalable.

Par exemple, en quoi le déséquilibre macroéconomique pourrait trouver une compréhension complémentaire dans les comportements de « donnant/donnant » que l'on trouve initialement sur des marchés d'économies parallèles ? Réciproquement, une dimension anthropologique peut être reconstruite à partir de la microéconomie, en complétant le comportement d'un individu vis-à-vis des biens par la prise en compte des autres, en lui accordant la stature d'une personne responsable. Les concepts « desséchés » d'individu ou d'agent économique laisseraient ainsi la place à ceux d'homme ou de personne en admettant que la fonction d'utilité comporte non seulement des arguments matériels, mais aussi des arguments humains (les autres).

Mais la reconnaissance de l'homme dans son unité (chaque homme est autonome et capable de reconnaître des règles universelles) implique celle de sa diversité. Tout homme est capable d'internaliser ces règles en fonction de ses caractéristiques propres et par l'intermédiaire de ses communautés (d'appartenance et d'adhésion). Cette altérité accompagne l'universalité, elle pose des différences et demande à être relativisée. Cette diversité est tout autant niée par le technocrate d'une institution internationale qui ne voit que l'agent économique « standard », que par le tiers-mondiste globalisateur qui prétend trouver par exemple « l'Afrique » ou des « classes ». Si des interactions et des communautés spécifiques peuvent être posées de façon idéal-typique, comme tableaux déformant les faits, la diversité doit être posée jusqu'aux individus eux-mêmes. La science économique par exemple, en reste trop facilement aux catégories de la comptabilité nationale : entreprises, ménages, Etat, sans poser l'hétérogénéité et la spécificité de leurs éléments constitutifs.

Ainsi les taux de pression communautaire en Afrique permettent de mieux réfléchir sur l'Américain individualiste face à ses obligations familiales, et réciproquement l'égoïsme américain permet de mieux comprendre en quoi les transferts en Afrique relèvent d'un altruisme simulé (Koulibaly, 1990). Il existe des homologies de comportement, des homologies de structure ou encore de symboles, de signes et du langage. Ces homologies constituent l'une des formes de la quête de l'universalité.

5. A la recherche d'une éthique par l'anthropologie économique

L'éthique peut être conçue comme une recherche de la vie bonne (Aristote) ou comme une science de la morale (Kelsen, 1996). Elle implique le respect de la préférence de chacun pour la vie bonne. Les problèmes éthiques peuvent être posés dans un cadre axiomatique ou dans un cadre évolutionnaire : normes *a priori* ou *a posteriori* ?

Si l'éthique est prioritaire dans le rapport social, le calcul économique se modifie profondément. Il est question d'une priorité lexicographique (Rawls, 1971), dans une optique globale, ou d'une priorité de l'autre dans la relation établie par chaque homme avec son prochain (Lévinas, 1974). A ce stade, les exigences éthiques dépassent le simple rappel préalable à l'application du calcul économique ; le problème devient celui de rapports éthiques préalables fondés sur la responsabilité vis-à-vis d'autrui. Ces rapports éthiques sont faits de normes (obligation, interdiction, permission) qui déterminent nos actes économiques élémentaires et font de notre calcul économique égoïste, un élément résiduel sinon utopique.

Nos actes ont ainsi trait à autrui (dans toute sa subjectivité, ce qui nous éloigne du totalisme sociohistorique), aux tiers (dans la nécessité de justice). Dans le temps, nos actes se situent dans un réseau de droits et d'obligations, dont l'orientation est anthropologique ; une application différenciée des lois morales universelles selon les sociétés. L'intégration de l'éthique à l'économie est ainsi à ce prix : intégrer dans les concepts les plus intimes de la science économique (utilité, production, consommation, accumulation) les conséquences de l'intervention de l'Autre ou plus généralement de la « communauté ».

La question anthropologique est aussi la question du droit de l'homme, en tant que demandeur de protection sociale, à apprécier la politique économique qui lui est offerte. Ce droit a trait à l'expression des préférences et à la préservation des situations d'équilibre qu'il obtient, compte tenu de ses caractéristiques. Ce droit est largement compromis, soit parce que l'Etat détermine unilatéralement une fonction objectif de bien-être social, au nom du «service public », soit parce qu'une tutelle internationale considère qu'elle a un droit d'ingérence économique sur les pays en difficulté. Ainsi, le problème de la reconnaissance de l'homme reste entier dans la production de l'information et dans la politique économique. Cette reconnaissance est celle d'un agent à part entière du développement économique de la société. Il est « capable » de s'exprimer, de réagir, de s'adapter aux contraintes, et cette capacité est universelle. La reconnaissance de l'universalité de l'individu est loin d'être réglée par le fait de disposer d'une science économique capable de conventions théoriques abstraites. En effet, il reste à admettre que la rationalité n'est pas réservée à une élite et ne se répartit pas, à la manière des premiers économistes ou de l' « économie animale » de Buffon, sur une échelle de dignité décroissante des créatures. Le domaine du développement révèle le plus manifestement les traces de la discrimination humaine. Le « sous-développé » est réputé « incapable » de rationalité économique, que ce soit pour le technocrate surévaluant ses propres outils, ou pour le tiers-mondiste pour qui cette rationalité est le propre de sociétés du Nord et ne saurait être « plaquée » sur les sociétés du Sud.

La souffrance humaine correspond à une dégradation physique et morale de la personne. L'éthique médicale repose sur la personne (et non l'individu anonyme) et il devrait en être de même en éthique économique et sociale.

6. L'identité

L'argument du terrain est important compte tenu de la complexité des sociétés. Le langage conditionne les données, il est la source d'erreurs d'interprétation, dites « erreurs anthropologiques ». En anthropologie, la question de la distance de l'observateur par rapport à son objet de recherche fait l'objet de nombreuses analyses, faisant écho à la réflexion de Rousseau sur ce point. Il faut être impliqué dans le contact avec les personnes enquêtées et en même temps éviter de se prendre pour une des leurs. L'observateur reste prisonnier de ses fonctions, mais doit obtenir la confiance de ses sujets. Le terrain est souvent négligé et la qualité des données s'en ressent. Mais cette qualité ne consiste pas à multiplier les facteurs explicatifs sous peine de subir le paradoxe de Malinvaud : un algorithme trop chargé en facteurs explicatifs entraîne l'augmentation du résidu inexpliqué. Ainsi il sera préférable d'utiliser l'échelle d'Oxford pour connaître les besoins alimentaires des ménages plutôt que de partir des tables d'alimentation en fonction des activités.

L'anthropologie permet de contrôler la « fabrication » des données économiques : les mauvaises extrapolations à partir d'enquêtes et de recensements, l'acceptation passive des données fournies par l'administration locale. Les mots sont essentiels à l'action humaine. D'une part, en créant des concepts, en nommant les objets, les actions, ils créent une image du monde qui se précise à travers l'articulation de concepts précis. D'autre part, ils permettent d'échanger et de communiquer entre personnes sur la base de l'articulation de ces concepts, contribuant à une dynamique de création et de transferts.

Les deux « capacités premières » (Ricoeur, 2004) à savoir nommer (ou dire) le monde, puis le partager sur la base des concepts ainsi créés, n'ont pas que des aspects positifs. Il se glisse des erreurs, liées à la faillibilité de l'être humain dans l'expression (comme le non dit ou le double sens) ou dans la compréhension interpersonnelle (des malentendus et un double niveau de langage). Or on ne peut éviter ces situations, qui peuvent être involontaires en raison de la faillibilité de l'être humain (Ricoeur, 1960) et de ses institutions, mais aussi volontaires en situation de domination ou de manipulation, lorsqu'on met en place des politiques publiques. Ne serait-ce que pour réussir un développement « institutionnellement soutenable ».

Dénommer pose un problème d'identité ; il n'y a pas une correspondance biunivoque entre les noms et les objets : « *L'utilité du langage réside en partie dans son échec à copier la réalité sur le mode, une chose, un nom* » (W.O. Quine, 1972). Il existe des termes singuliers, simples et complexes (premier niveau) que l'on a tendance à remplacer par des définitions, surtout contextuelles (second niveau). Dénommer s'effectue en considérant les phonèmes par le « système des appellations » et le « système des attitudes » (Lévi-Strauss, 1958).

«*Comprendre le sens d'un terme, c'est toujours le permuter dans tous ses contextes* » (Lévi-Strauss, 1973).

Lévi-Strauss nous rappelle que Marx est le premier à nous inviter à dégager des systèmes symboliques derrière le langage et les rapports humains. La marchandise est ainsi un concept chargé de sens, incompréhensible sans ses déterminations (l'objet du Livre I du *Capital*). Un langage qui est riche est donc capable de différencier et d'individualiser, de *« discerner les indiscernables »* (Leibniz). Mais, paradoxalement, un excès de détermination est préjudiciable ; une fonction comportant trop de facteurs d'un phénomène voit son résidu inexpliqué augmenter. Il existe une limite où une analyse standard (cf. l'échelle d'Oxford) permet des résultats pertinents et économisant les déterminations.

Dans ce double niveau, on distingue un premier niveau de la traduction mécanique d'un mot par un dictionnaire et un autre niveau où le mot est replacé dans son contexte. Le second niveau est composé des «effets d'appellation » et des « effets d'attitude », et ces effets jouent non seulement dans les sociétés traditionnelles, mais aussi dans le monde de l'expertise où sévit une compétition des mots au sein d'un marché linguistique (Bourdieu, 1977). Sur ce marché, chacun peut détenir un capital linguistique et en attendre un profit linguistique, selon les expressions de Bourdieu. Le fait de parler « comme il faut » à la Banque mondiale ou au Fonds monétaire international conditionne la survie de l'expert et sa perspective de profit. Il s'agit cette fois de la durabilité de l'expertise !

Le développement commence par situer les hommes pauvres par rapport aux riches dans la société étudiée. Il faut donc désigner les hommes et la richesse, mesurer et proposer des activités dans les langages locaux.

Il existe bien dans les sociétés traditionnelles une pluralité d'identités, contrairement à ce qu'avance Simmel sur l'assimilation de cette pluralité à la modernité.

Le dualisme en matière d'identité correspond aux deux axes ayant trait aux formes identitaires : biographique/relationnel, pour soi/pour les autres, réparties dans la figure 1 (formalisée par l'auteur à partir de Dubar, 2000).

Figure 1. Formes identitaires

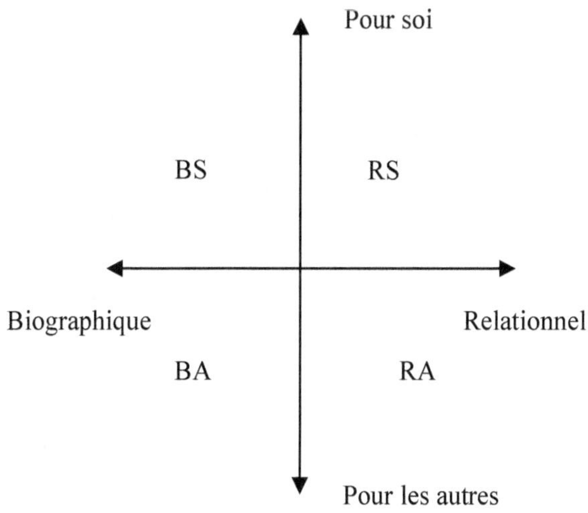

On en déduit quatre formes identitaires :

- BA : biographique pour autrui, de type communautaire, exemple « fils de » ;
- BS : biographique pour soi, le « soi narratif » de Ricoeur ;
- RS : relationnel pour soi, le soi-même réflexif ;
- RA : relationnel pour autrui, l'identité statutaire.

En Afrique de l'Ouest, le statut social est plus ou moins différentié ; pauvres ou riches prennent un sens communautaire : le pauvre est l'orphelin social dans ce contexte. Les enfants, dans un contexte de « classes d'âge », sont tous les plus jeunes que moi et la parenté prend un sens particulier : pères, mères, oncles, tantes. Les personnes sont désignées indirectement ; dans la légende Bété (Paulme, 1976), l'araignée désigne le gendre, la calebasse, la femme. Dans de nombreux cas, on ne prononce pas le nom de l'interlocuteur, sinon par l'équivalent de « Chose », par exemple « Ntuze » en Rundi. Le nom et/ou le prénom ne servent pas uniquement à discerner l'identité de chacun, de type BA ; ils peuvent contenir une histoire, par exemple chez les Baoulé de Côte d'Ivoire, « Avouai » (la pitié) est donné à un enfant dont les parents ont perdu plusieurs enfants antérieurement et qui font appel aux puissances occultes pour le laisser survivre (Koffi, 2001). Le nom est souvent complété par un surnom, le « Zawlanouain », qui met en valeur ses caractéristiques et sera tambouriné par le tam-tam parleur. Enfin, le nom est souvent le prétexte à dérouler une histoire reprise par le griot, de type BS.

L'anthropologie étudie particulièrement la parenté, en particulier sa structure, par exemple les rapports de force entre aînés et cadets. Ainsi un cadet pauvre *a priori* peut, par la solidarité familiale, devenir plus riche que son aîné. L'altruisme dans un modèle de parentèle peut être polyvalent sans problème ; ainsi, l'enfant d'un couple donné peut être rejeté par le père naturel et adopté par son oncle maternel ou les grands-parents maternels, selon les types de sociétés ou la conjoncture économique (Figure 2).

Figure 2. Un modèle de parentèle

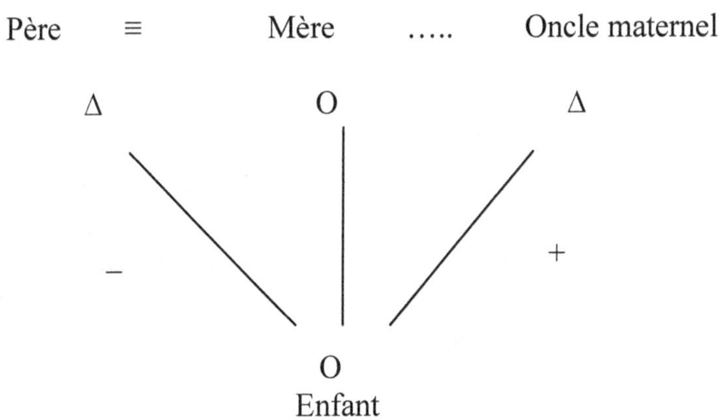

Source : d'après Lévi-Strauss, 1973

Il a été mis au point un système simple de notation à partir du langage alphabétique, destiné à nommer exclusivement des relations. Celui-ci se décline en une version française et une version anglo-saxonne beaucoup plus universelle (Figure 3).

Figure 3. Forme nodale de la famille

Individu	(fr)	(en)	Individu	(fr)	(en)
Frère *(Brother)*	Fr	B	Père *(Father)*	Pe	F
Sœur *(Sister)*	So	Z	Mère *(Mother)*	Me	M
Mari *(Husband)*	Ma	H	Fils *(Son)*	Fs	S
Épouse *(Wife)*	Ep	W	Fille *(Daughter)*	Fl	D

Ces huit relations se limitent à celle de la forme nodale de la famille. En effet, seules les relations d'alliance et de filiation sont considérées comme pertinentes ici. Dès lors, on peut positionner n'importe quel individu dans sa relation avec les autres membres de la famille. En effet, il suffit d'être vigilant quant au génitif saxon ('s) de la langue anglaise : l'appartenant est situé avant l'appartenu, contrairement à la langue française. Il existe une phénoménologie de la mesure (temps, distance, climat, etc.) que nous rappelle Watsuji Tetsuro (2003) : « *Le milieu est ainsi pour l'être humain le moment qui l'objective lui-même. C'est cela que l'on devrait appeler l'autodécouverte de soi au sein du milieu*».

Par exemple, les périodes n'ont pas de signification concrète en économie. Il en est ainsi des « fictions » chronologiques utilisées par les théoriciens : jour (Robertson), semaine (Hicks), année (Sraffa). L'exemple le plus connu est la « semaine » de John Hicks permettant l'équilibre temporaire : le premier jour (lundi) se forment les prix capables d'égaliser la demande et l'offre de marchandises à délivrer dans la semaine, etc. Il ne sera pas ainsi paradoxal que la « courte période » (par variation attendue des rendements) soit plus longue que la « longue période » (mise en œuvre des investissements).

Conclusion

A l'image d'autres perspectives, l'anthropologie économique n'est pas une discipline ; elle représente une problématique de l'homme sous l'angle économique. L'anthropologie et l'éthique économiques constituent une partie de l'analyse économique ; partie méconnue, car les besoins de la politique économique obligent à la macroéconomie. L'approche est particulière, à la fois du point de vue du domaine de réflexion et du point de vue de la méthode. L'anthropologie économique ne se définit pas comme une alternative à l'analyse économique, mais comme une méthode permettant d'élargir le domaine de la théorie économique. Elle accorde une priorité à la personne. Cet élargissement concerne le sujet, avec la personne au lieu de l'individu, mais aussi le spectre des valeurs, en intégrant la possibilité de valeurs négatives, en faisant appel à des disciplines jusqu'à présent rejetées par les économistes, en particulier la psychanalyse.

L'anthropologie économique est difficile à isoler car elle est une instance relativement autonome en interaction avec d'autres anthropologies, notamment culturelle et sociale. Prenons l'exemple de la dot en Inde. Il s'agit d'une pratique culturelle bâtie sur une relation sociale défavorable aux femmes. Mais c'est la contrainte économique qui conduit les femmes à avorter dans la perspective de la naissance d'une fille.

Chapitre 2. L'intégration de la responsabilité personnelle

Chaque individu est plongé dans une communauté de droits et d'obligations qu'il peut ordonner rationnellement, en essayant de ne pas heurter son environnement. Il y résout séquentiellement sa responsabilité et prend alors la dimension d'une personne, responsable, rationnelle et raisonnable. Le débat sur cette imputation est très vif entre les partisans d'une responsabilité *ex ante* et ceux qui calculent cette responsabilité *ex post*.

De plus, il faut aussi distinguer responsabilité intergénérationnelle et intragénérationnelle, la première plutôt sociale, la seconde plutôt environnementale ; les bouleversements sociaux s'opposant au conservatisme écologique.

1. La responsabilité

La responsabilité personnelle, au même titre que l'anthropologie économique, est l'objet de fortes discussions. Les partisans d'une responsabilité *ex ante*, infinie dans le temps et dans l'espace, s'opposent aux tenants d'une responsabilité *ex post*.

1.1. Définition

La responsabilité s'entend à trois niveaux : l'obligation, l'imputation, la sanction[8]. Une personne s'engage pour

---

[8] Une littérature considérable formalise actuellement la responsabilité et les sanctions, compte tenu de la permissivité de la société actuelle.

une autre personne (ou elle-même) afin qu'une action soit faite, et en assume les conséquences. De façon simple, une obligation de réaliser une action est assimilée à une responsabilité d'effectuer cette action. Cette obligation est imputée à une personne donnée (cf. l'importance de la capacité d'imputation chez Ricœur). Enfin le manquement à une obligation est assorti de sanctions. Le fait d'assumer cette contrainte est constitutif de la personne et de la liberté ; la séquence de la liberté première, dont l'emploi est jugé par une responsabilité/comptabilité (Roemer, 1996), est alternative à la responsabilité de la personne. La responsabilité est conçue de manière totalement différente, *a posteriori* en société de nature avec des individus opportunistes et *a priori* en société de droit avec des personnes. L'éthique de la responsabilité affirme, selon Max Weber (1992), que : «*Nous devons répondre des conséquences prévisibles de nos actes*». Mais devant qui ?

La responsabilité est une motivation qui possède des contenus très différents, de nombreuses formes (garantie, obligation, culpabilité, etc.). Elle peut être une vertu ou un vice selon les contextes. Il existe actuellement une forte opposition entre la phénoménologie de la responsabilité et la responsabilité conçue comme relation de cause à effet dans le cadre de la théorie de l'action. Ainsi, on distingue la responsabilité morale attachée à la personne par rapport à d'autres pour une action donnée, et la responsabilité liée à l'action plus impersonnelle pour des individus donnés. La responsabilité morale de la personne est immense dans les conceptions d'un devoir par rapport à toute autre

Si elle réhabilite la logique déontique, elle oublie souvent qu'elle traite de personnes et non seulement d'individus, sinon d'hommes machines.

personne ou toutes les générations futures. Il s'agit d'une responsabilité potentielle et prospective.

Cette « ascription » *a priori*, attribue à une personne des droits et des obligations en fonction de son identité et de son histoire. Par exemple, son rang familial (aîné ou cadet) et son statut professionnel détermineront l'étendue de sa responsabilité.

La responsabilité caractérise, selon Jonas, la personne au-delà de l'individu. Anthropologiquement, la personne est différenciée de l'individu, « *c'est le seul être connu de nous qui puisse avoir une responsabilité* » (Jonas, 1998). Cette capacité à se désigner et à parler différencie prioritairement la personne des êtres, et donc prioritairement les personnes entre elles. La responsabilité pourrait être infinie dans le temps (Jonas, 1979) et dans l'espace (Lévinas, 1989) ; elle est cependant limitée par chaque personne, en fonction de ses moyens et de ses sentiments. Chaque personne est ainsi capable de s'auto contraindre dans certaines limites.

Il existe, dans la philosophie morale et dans la politique actuelle, de nombreuses façons de traiter de la responsabilité. L'approche choisie ici est l'éthique positive de la personne par rapport à sa « communauté »[9]. Elle analyse comment un individu responsable de lui-même et des autres gère ses droits et surtout ses obligations. Cette éthique a une portée restreinte par rapport à la philosophie, mais, prise au sérieux par les économistes, change radicalement l'hypothèse utopique d'un « individu libre », fiction qui détermine la microéconomie. Cette conception, héritée de la philosophie des lumières par les économistes, sous-estime la capacité de l'individu à s'autocontraindre et à être une personne responsable. L'économie est une

---

[9] Ou encore par rapport à plusieurs « sphères » (Walzer, 1983) où s'applique la responsabilité.

science sociale hypothétique et rien n'interdit de modifier les hypothèses. La personne responsable se substitue à l'individu opportuniste ; elle assume une séquence : responsabilité ➔ rationalité ➔ raisonnabilité.

De l'expérience vécue et consciente, de l'étude de terrain, surgissent les phénomènes. Les transferts et la santé créent des discussions ; relèvent-ils d'une contrainte préalable ou d'une assurance individuelle ?

Ces expériences humaines apparaissent par des signaux, par exemple le suicide. Le problème existentiel des contraintes communautaires est important. La liberté réside dans cette capacité à s'imputer une responsabilité. La responsabilité détermine la liberté, contrairement à l'idée du radicalisme philosophique, en particulier Sen (1993) qui fait dépendre la responsabilité de la liberté comme comptabilité de son usage.

Responsabilité ➔ Liberté (Phénoménologie)

Liberté ➔ Responsabilité (Radicalisme)

L'éthique, par exemple de la responsabilité, est conçue *a priori*, contrairement à l'*accountability* chez Sen pour qui la responsabilité est *ex post* et dépend de l'usage que l'individu fait de sa liberté. Les positions de Lévinas (1972) et Jonas (1979) sur cette priorité sont très fortes. Chaque personne a une responsabilité infinie dans le temps et dans l'espace. On voit, avec Ricoeur[10] l'importance des capacités de la personne, en particulier de s'imputer une responsabilité. Cette éthique est positive, elle décrit des comportements sinon les déconstruit (Derrida 1967 ; Bataille, 1980). Elle constate le

---

[10] « *Entre la fuite devant la responsabilité et ses conséquences, et l'inflation d'une responsabilité infinie* », Ricoeur, 2004.

comportement de la personne responsable, contrairement au personnalisme (Mounier, 1971) qui est normatif. La personne est sociale et responsable, elle a une priorité éthique et est capable d'autocontrainte (Rousseau, 1755 ; Kant, 1797).

1.2. Une application : droits et obligations personnels

L'expérience humaine fait apparaître un monde de droits et d'obligations, une responsabilité *a priori*. L'analyse est plutôt synchronique que diachronique, cherchant les droits et les obligations d'une personne à un moment donné. Cette contrainte externe n'invalide pas pour autant l'idée d'une liberté assumée par l'autocontrainte. Deux formes de calcul économique peuvent être distinguées à propos d'un bien X (individuel) et d'un bien Y (personnel[11]).

Utilitarisme :

Utilité → individu → X → offre/demande → prix de marché/équilibre partiel → équilibre général.

Phénoménologie :

Responsabilité → personne → Y → obligation/droits → estime de la communauté → équilibre de la société.

---

[11] « L'individu n'est qu'une esquisse d'homme » qui ne prend pas en considération les biens à caractère moral tels, par exemple, les biens éthico-religieux (Mahieu, Zemmour, 2010). « *Une personne est ce sujet dont les actions sont susceptibles d'imputation, la chose est ce qui n'est susceptible d'aucune imputation* », Kant, 1797.

Chaque personne peut réagir rationnellement en jouant sur les composantes de cette responsabilité, jouer aussi sur l'information correspondante, aller jusqu'à refuser des promotions pour ne pas surenchérir la pression communautaire. Mais il faut rester raisonnable vis-à-vis de la communauté pour ne pas être exclu, subir une névrose paranoïaque et devenir un orphelin social. Cette raisonnabilité vis-à-vis de la communauté fait partie de l'autocritique de Rawls, mais n'est pas retenue par Amartya Sen. Elle illustre, selon Freud, la substitution du pouvoir de la communauté sur la liberté de l'individu.

Responsabilité → Rationalité → Raisonnabilité

Le sujet a une structure de capacités (Ricoeur, 1983) et sa souffrance éventuelle provient d'une perte de capacités. Ce sujet ainsi défini est une personne, totalité structurée en capacités, capable de s'imputer une responsabilité. D'où l'importance de sa structure identitaire, en articulant plusieurs sortes d'interprétation totale, objet de l'herméneutique (Gadamer, 1960). Elle replace l'homme avec ses contraintes dans sa vie courante, y compris sa capacité d'autocontrainte comme condition de sa liberté ; au lieu de lui dénier toute influence morale ou religieuse. Face au phénomène des transferts *inter vivos,* l'erreur des experts a été de recourir immédiatement à une théorie standard de l'assurance volontaire, sans chercher à comprendre la nature et l'intensité des contraintes qui sont sources de vulnérabilité pour les personnes concernées.

La liberté ne peut se comprendre que par la séquence, contrainte communautaire→ rationalité→ raisonnabilité ; séquence mise en valeur par l'anthropologie économique et qui valorise les hypothèses de départ de la phénoménologie économique à propos de la personne, responsable et vulnérable.

1.3. La communauté, lieu de responsabilité

Chaque ressortissant assume vis-à-vis de « sa » communauté un ensemble de droits et d'obligations. Les obligations se traduisent économiquement par des contraintes sur les ressources et des contraintes en temps. Dans de nombreux cas, les contraintes sur les biens et sur le temps sont substituables pour un niveau d'obligations donné ; l'absence lors d'une manifestation importante de la vie sociale sera compensée par un envoi monétaire, sinon l'impossibilité de donner une somme d'argent sera remplacée par du temps, éventuellement complété par une réparation matérielle. Des courbes d'indifférence sont donc utilisables, chaque courbe exprimant un niveau d'obligations donné pour une personne. Cette courbe d'indifférence exprime la substituabilité potentielle biens/temps pour un individu (Figure 4). L'équilibre effectif sera fonction de la préférence communautaire par rapport aux biens, au temps, et de la situation matérielle du ressortissant.

Figure 4. Le conflit des responsabilités

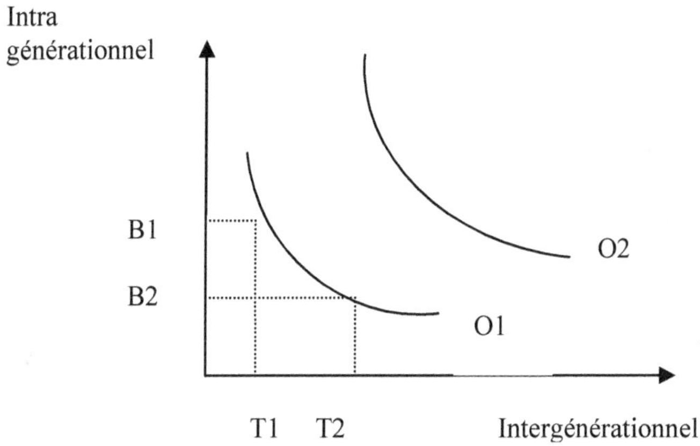

Le calcul de mes droits et de mes obligations (D/O) dépend de normes sociétales ou locales qui manifestent une pression communautaire. Cette pression peut s'assimiler à un échange volontaire si le fait d'assumer mes D/O exprime ma liberté (cf. Rousseau, Kant). L'utilité est donc endogénéisée et résulte de mon calcul de D/O. La personne est non seulement responsable, mais s'autocontraint. La responsabilité, R, exprime les droits et les obligations d'une personne d'un statut social donné. Elle n'est pas automatiquement réalisée, comme toute expression déontique[12].

La situation individuelle en matière de droits et d'obligations peut être représentée par un graphe distinguant sur une abscisse les droits et les obligations selon leur intensité, et sur une ordonnée leur répartition dans le temps (Figure 5). La responsabilité est potentielle et deviendra effective comme réponse à une demande[13].

---

[12] La logique utilisée ici est la logique déontique de Kalinowski, cf. Mahieu (1988).

[13] Il est tentant d'assimiler la responsabilité à une réponse à une demande donnée, mais la responsabilité est potentielle avant toute réponse.

Figure 5. Carte des droits et des obligations

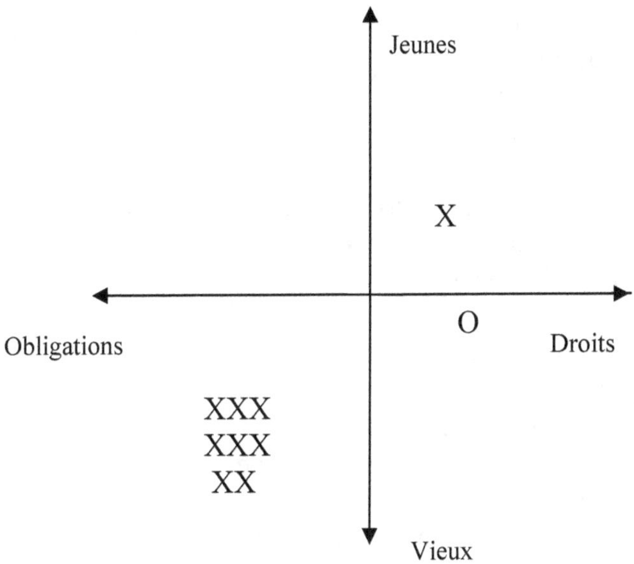

Cette responsabilité peut être forte (une obligation/interdiction, d'ordre déontique) ou faible (une possibilité/nécessité, d'ordre aléthique)[14]. Elle peut être purement morale ou assortie de sanctions (par exemple la garantie).

[14] Pour Kant, le devoir est premier, donc $O_{ij}\alpha$; la liberté en est déduite : O_{ij} implique le possible $O_{ij}\ \alpha$. Pour Leibniz, le nécessaire implique l'obligation : $O_{ij}\alpha \supset O_{ij}\ \alpha$.

2. La rationalité

La personne, frappée d'une pression communautaire, peut réagir de plusieurs façons, en particulier par dissimulation de ses caractéristiques. Le leximin est un subterfuge tel que les « plus riches des riches » donnent en priorité aux «plus pauvres des pauvres » le plus petit sacrifice ; la disproportion fait que cette redistribution ne porte pas atteinte à la liberté. Le donateur peut masquer son statut social, nier ses revenus, surestimer ses obligations déjà accomplies, etc.

Connaissant ma responsabilité morale, mes droits et mes obligations, il convient de faire un choix rationnel en fonction de mes intérêts ; par exemple, établir une priorité entre mes obligations en essayant de concilier logique et morale. Il est de ma responsabilité d'assumer ce choix, quitte à trancher de façon métalogique entre les normes. Ici, le principe d'*accountability* suit la liberté de choix. Comment ai-je utilisé ma liberté, compte tenu de mes handicaps et de mes mérites ? Quelle a été ma capacité (*agency*) de choix[15] ? Cette rationalité peut s'exprimer par un choix sur les personnes et aussi sur les modalités de la responsabilité ; je peux jouer sur le temps, les biens, l'affection, etc., pour un niveau de responsabilité donnée. Elle se situe plutôt dans la théorie de l'action, soit directe, soit indirecte.

Ce qui est important c'est la consistance (cohérence) du choix ; par exemple, comment associer liberté et rationalité (Arrow, 1963), ou encore liberté et Pareto-unanimité (Sen, 1970) ? Comment ai-je abusé ou non de

---

[15] Cette responsabilité a trait principalement à moi-même, à ma capacité à trancher C(S), elle sera jugée plutôt égoïste.
Soit R*ii* C(S)*i jk*, j'assume vis-à-vis de moi-même ma préférence par rapport à *j* et *k*.

cette prérogative ? Je dois en rendre compte à moi-même et aux autres. Il y a une responsabilité directe et indirecte, car je peux confier ce choix à des personnes de confiance. A cette occasion une version affaiblie de la responsabilité apparaît chez Sen (2005) avec la *fiduciary responsibility* et une « dignité » correspondante. En fait, il s'agit de la responsabilité déléguée et de la contrainte qu'elle impose sur les choix. Il existe ainsi des obligations déléguées liées à « *la responsabilité d'agir pour les autres* » ; de ce fait, chacun peut éviter une situation de responsabilité en changeant le menu par exemple. Cette dignité attachée à la responsabilité déléguée est donc susceptible de choix stratégiques et « *il y a là une relation à creuser avec la théorie des jeux* ». On est loin de l'univers du devoir kantien en faisant de la responsabilité la conséquence du choix, lequel peut s'inscrire dans la société de nature.

Sen (ibid.) aborde le sujet de la contrainte auto imposée, contrainte qui rejoint l'impératif catégorique. Le sujet de Sen connaît des règles générales sur les actions qu'il peut ou non accomplir. Il suffit de faire en sorte qu'il en tienne compte dans son classement des préférences (entre autres sur les actes de choix) et dans sa façon de s'auto imposer des contraintes de choix. Sen propose de considérer la responsabilité comme une préférence, « comme si », soit R_* sur l'ensemble restreint K(S). La responsabilité individuelle se traite par ses conséquences sur les choix : la dépendance par rapport au menu et l'autocontrainte.

Cette responsabilité n'est qu'une maximisation sur des choix restreints parmi d'autres. Elle n'est pas importante. La responsabilité sociale est de loin la forme la plus utilisée en tant que responsabilité réciproque dans les écrits de Rawls et de Sen. La société est responsable d'une certaine liberté politique et les citoyens sont responsables de la qualité démocratique de la société par l'usage qu'ils en font. On est là dans un contexte de liberté positive, très éloigné de l'autocontrainte de Kant.

3. La raisonnabilité

Cette responsabilité est beaucoup plus complexe que la précédente, compte tenu de la relation entre la personne et la « communauté ». Les personnes doivent rendre compte de leurs comportements en fonction de leurs rapports interpersonnels, notamment des attentes des personnes concernées à leur égard. La personne dans l'œuvre de Rawls apparaît après 1971 ; à la priorité du Juste sur le Bien se juxtapose celle du Raisonnable (la capacité de s'abstraire de ses intérêts) sur le Rationnel (au sens de la théorie néoclassique) : « *Les membres de la société sont conçus non seulement comme des individus rationnels, mais comme des personnes morales qui peuvent coopérer en vue de l'avantage mutuel* ».

L'homme raisonnable peut faillir, soulignant le caractère ambivalent de la responsabilité qui n'est pas « bonne en soi ». Au nom de ma responsabilité calculatrice, je peux décider de ne rien transférer et de renvoyer les quémandeurs. Mais si je me conduis mal par rapport à ma communauté d'appartenance, des sanctions sont possibles, au moins auto-suggérées. Je pratique un choix sous « voile d'ignorance » de mes intérêts, et recherche un consensus. Je m'érige en la personne qui occasionne l'action et la conduit jusqu'à ses conséquences sur l'*agency* de la communauté. Je suis interpellé par ma communauté qui me demande de répondre de mes choix (*answerability*). Je suis responsable par rapport à ma communauté et il m'est obligatoire que (A), compte tenu de conséquences (J), le jugement communautaire.

Je suis responsable par rapport à ma communauté de l'action Y sous la contrainte de sanctions pour moi et la communauté pour une échéance *t*. Cette responsabilité vis-à-vis de la communauté peut prendre plusieurs occurrences : être active, inactive, accomplie, reportée, rejetée, violée, etc. Une simulation est dès lors possible sur des agents[16], mais tout dépend de leur nature : individus de la société de nature ou personnes d'une communauté de droits et d'obligations. La responsabilité envers la communauté est une contrainte qui pèse sur les personnes et qui peut être exorbitante. Ainsi certains « responsables » n'ont pas le choix, compte tenu des sanctions communautaires ; ils doivent supporter des pressions communautaires supérieures à leurs moyens[17]. La relation entre ces trois termes peut être représentée selon la figure 6 exprimant ma liberté intérieure.

---

[16] Une littérature considérable effectue des simulations sur ce type de formulation, principalement pour évaluer comment renforcer les normes et les sanctions.

[17] Dans une enquête sur les fonctionnaires de Daoukro, Côte d'Ivoire, (Mahieu, Odunfa, 1989), un tiers d'entre eux supporte une pression communautaire supérieure à son revenu.

Figure 6. La responsabilité entre raisonnabilité et rationalité

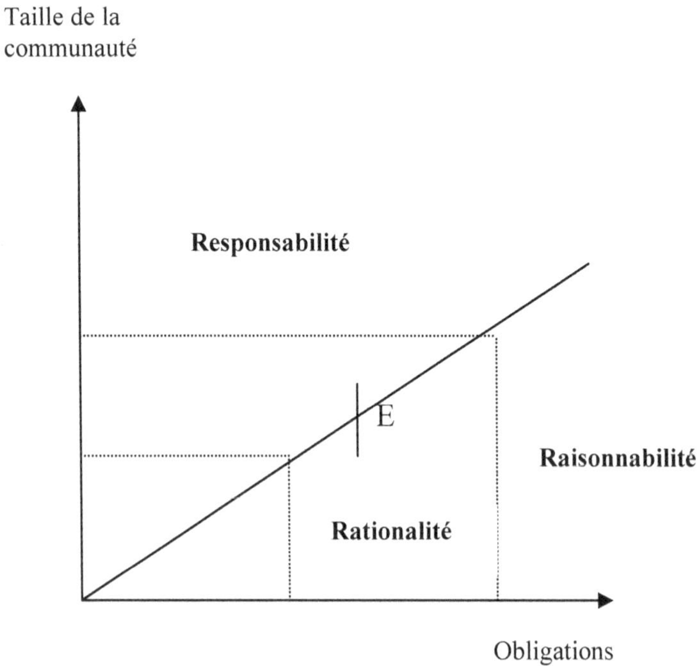

La responsabilité augmente proportionnellement à la taille de la communauté et au nombre des obligations. Un minimum de responsabilité tient à la rationalité des moyens, un maximum correspond à la raisonnabilité. Une position d'équilibre peut être le point E, intermédiaire entre rigueur et laxisme : il exprime la liberté intérieure de la personne. La question se complique avec l'information que la personne a sur sa perception par la communauté.

Comment se situe l'altruisme de la communauté par rapport à une personne ? Celle-ci peut être en complète asymétrie d'information : elle est persuadée de faire le

Bien, mais la communauté le perçoit comme un Mal. Cette situation fait que la raisonnabilité peut se situer dans un contexte de risque ou d'incertain. La communauté a accumulé du capital social[18] par rapport à une personne et ce dernier peut être positif, neutre ou négatif. Il est donc essentiel pour une personne d'obtenir de l'information sur sa perception par la communauté, d'où les « cliniques » traditionnelles ou modernes et les coûts correspondants. La communauté est un club (Buchanan, 1975) partagé entre plusieurs impératifs : taille, efficacité, bienveillance. Elle peut être bienveillante et efficace dans une première configuration, malveillante et inefficace dans d'autres cas de figure. Elle n'est, contrairement à certaines visions communautaristes, jamais « bonne » en soi.

Conclusion

Une approche anthropologique de l'économie implique de changer de sujet, en passant de l'individu à la personne.

Cette personne est plongée dans un monde de droits et d'obligations qui préexiste à la recherche du bonheur. La veille permanente (la responsabilité infinie) de chaque personne sur « sa » communauté détermine ses actes économiques, par les gains ou les pertes inhérents aux différentes responsabilités.

La personne apparaît avec l'« exercice » de la responsabilité et pas uniquement en étant responsable. Sa responsabilité est immédiate et disproportionnée. Il existe un conflit croissant entre responsabilité sociale, intragénérationnelle, et responsabilité environnementale, intergénérationnelle. Le conservatisme écologique s'oppose aux bouleversements du social.

[18] Voir Ballet, Mahieu, 2003.

Chapitre 3. Anthropologie et théorie économique, une association difficile

L'anthropologie économique est une partie mineure de la littérature anthropologique ; cela peut se comprendre dans le cadre de la société primitive où l'économie n'apparaît pas distinctement. Mais la raison de cette minorisation tient dans le fait que la théorie économique a ses dogmes, notamment l'utilitarisme et l'hédonisme, qu'elle oppose à l'approche anthropologique. L'économie a perdu un point de vue humain pour une méthode fonctionnelle. Un élargissement du calcul économique est nécessaire. On ne peut en rester à l'idéal d'une continuité, compte tenu des priorités émises dans le calcul sur les autres. La discontinuité caractérise l'ensemble de consommation, mais aussi le monde du travail. Ricoeur se fait économiste en insistant sur le lien entre choix personnel et décisions collectives ; lien qui devrait favoriser une prospective plutôt qu'une planification. Compte tenu du conflit évoqué précédemment, il est difficile d'associer économie et anthropologie. Jusqu'où peut-on intégrer l'anthropologie en économie sans remettre en cause les fondements du raisonnement économique ?

1. Les difficultés d'une association entre économie et anthropologie

Alors que l'économie est hypothétique et prétend émettre des lois générales, applicables à toutes les sociétés, l'anthropologie applique un principe de réalité et relativise les lois.

1.1. L'économie a-anthropologique ?

La science économique s'intéresse à un homme rationnel, fait d'entendement. Elle s'intéresse à l'homme autonome, celui qui accède, au-delà des sens, aux impératifs catégoriques.

L'anthropologie étudie la déformation par l'homme en société (hétéronome) des règles universelles ; déformation liée aux impératifs hypothétiques, aux moyens de satisfaire ses fins (universelles), à ses perversités.

Il est facile de dégager les parties de la théorie économique où les hommes sont absents en tant qu'acteurs directs. Le plus a-anthropologique est le système de Sraffa (1970) qui traite des productions de marchandises par des marchandises. Dans un système de ce type, seules interviennent des relations techniques établies en fonction d'une mesure standard.

De façon plus générale, la macroéconomie s'éloigne de l'anthropologie car elle s'appuie sur des variables globales et des agrégats, non sur les personnes. Tel est le but de la comptabilité nationale en jouant sur des comptes écrans et des soldes qui ne font pas apparaître les hommes eux-mêmes, mais des secteurs institutionnels.

Les catégories, entreprises, ménages, administrations publiques, sont hétérogènes, et le fait de leur prêter des hypothèses de comportement généralisé pose de sérieux problèmes. Ces hypothèses sont inhérentes à la théorie keynésienne, principale inspiratrice de cette méthode. Ainsi les relations fondamentales ont trait à des quantités globales, par exemple les équivalences entre le revenu global et, soit la somme de la consommation et de l'investissement, soit la somme de la consommation et de l'épargne. Le risque d'erreur est d'autant plus grand que la prévision s'appuie sur les comptes du passé et les tendances probables de l'économie ; la variable comportementale est difficilement prévisible avec de telles catégories.

Les lois psychologiques fondamentales, notamment la supériorité de la propension à épargner sur la propension à consommer, ou les comportements de financement, font l'objet de controverses.

Dans ce cadre macroéconomique, les interactions et donc les réactions des individus face à leurs contraintes, ne sont pas prises en compte. Dans cet ensemble rétroactif, les problèmes de redistribution sont complexes et la globalité des instruments d'analyse ne les fera pas apparaître. Un bon exemple de cette différence de conception est le traitement de l'épargne en macroéconomie keynésienne en tant que solde fatal entre le revenu agrégé et la consommation agrégée. Une conception « individuelle » de l'épargne peut au contraire faire apparaître ce « sacrifice » comme émanant de précaution, d'assurance, de garantie à prendre dans un arbitrage entre les perturbations intertemporelles et intergénérationnelles. Autant les politiques globales de relance (dans les pays développés) que celles d'ajustement/stabilisation (dans les pays en développement) ont une efficacité économique très limitée et des effets sociaux contestables. Leur efficacité est limitée par la capacité des agents à réagir aux contraintes et à anticiper les politiques, au nom de leur intérêt individuel et d'autres considérations plus élargies (responsabilité) à leur personnalité. Elles sont surtout aveugles et ne peuvent prendre en compte l'intérêt des personnes. Or les personnes sont présentes au niveau de l'émission des politiques, exprimant des conflits d'intérêts, des altruismes simulés ; rien de tel au niveau des individus soumis à de telles politiques. La macroéconomie considère qu'elle fait *a priori* le bien des individus. Elle décrète leur bien-être et s'érige en service public de la masse.

1.2. L'homme, ce gêneur

L'idée du jardin secret ou des réactions stratégiques des agents économiques n'apparaît que très tardivement. Si l'individu (l'agent économique) établit ses mœurs économiques (consommation, production, épargne, transferts) en fonction de son environnement, fatalement des normes morales jouent. Il en résulte un réseau de contraintes morales en plus des contraintes purement matérielles. Ces contraintes morales, en fonction du comportement de l'homme, peuvent devenir matérielles (dons, transferts). Or ces externalités sont rarement prises en compte dans la théorie économique ; le calcul sur les contraintes morales est complexe, il dépend de l'information, des manipulations, du statut sociofamilial, etc.

L'éthique économique étudie les mœurs (ethos) des hommes sous les contraintes de la nature et de la communauté des hommes. Elle recherche donc à la fois une universalité humaine économique (par exemple dans le don ou le marché) et une altérité dans les comportements humains, à des moments donnés et en des lieux donnés. Elle étudie les comportements économiques en privilégiant le rôle économique (maximisation sous contraintes élargies au socioéthique), mais ne peut se substituer à une anthropologie générale, fondée sur la totalité et l'histoire. Or l'économie est trop souvent standard et différentielle. Standard n'est pas universel ; il y manque les normes qui fondent l'universalité du genre humain, sinon le standard ne s'applique qu'aux impératifs hypothétiques et donc à l'altérité.

Le « je », grâce à la raison, fonde l'altérité et la différence fondamentale de l'homme avec toutes les choses. L'homme est en économie, une partie indistincte d'entités globales (les unités économiques de base : ménages, entreprises, institutions) et quelquefois un individu en interaction sociale (Becker, 1974), mais que l'économie oblige à reconnaître comme « hors norme ». Sans doute, s'il est manipulé par la « main invisible » ou produit inconscient des structures, il n'est qu'*homo oeconomicus*. Il est déterminé mécaniquement par le marché ou le mode de production.

Mais l'homme est un gêneur. Il résiste à la politique économique et plus encore l'invalide par sa capacité d'apprentissage, ses anticipations et ses surréactions. Après les modes intellectuelles du structuralisme et de l'introspection analytique, l'économisme pourrait être triomphant s'il n'y avait les aléas posés par l'homme aussi bien dans la société civile que dans la société des besoins. L'échec des modèles structuralistes, et plus généralement des politiques macroéconomiques, trouve en grande partie sa source dans l'homme ; ce dernier est présent tout autant dans les offreurs de politique économique que dans les demandeurs. Il est présent avec son égoïsme naturel et déforme en permanence les meilleures idées à son profit. Il est présent aussi en tant qu'être social, élément constitutif de sociétés qui élaborent leurs particularismes et leurs résistances. Si la macroéconomie peut difficilement prendre en compte l'homme, il n'est pas sûr que la microéconomie soit automatiquement anthropologique. On imagine facilement le risque d'une universalité transformée en standardisation, de n'accorder d'intérêt qu'aux règles (maximisation sous contraintes) ou normes universelles (optimum) hors de toute altérité, et signification de terrain.

1.3. La microéconomie est-elle une anthropologie économique ?

La microéconomie recherche une vision standard du comportement individuel ou du ménage, mais elle ne prend en compte que très tardivement le comportement stratégique de l'agent. L'intérêt de cette intégration massive, notamment par la théorie des jeux, est de montrer l'irréductibilité du comportement aux lois, la difficulté à trouver des solutions uniques. L'analyse de l'interaction des comportements individuels devient rapidement inextricable dès que l'on sort du cadre ultra simplifié des présentations habituelles en théorie des jeux.

Si l'anthropologie économique est l'étude de l'homme sous l'angle économique, elle se confond avec la théorie économique quand celle-ci est fondée sur l'homme. Le fait d'étudier les actes économiques en accentuant un point de vue de façon idéal-typique, est un principe lui-même d'économie. L'anthropologie, par son objet ambitieux (l'homme), représente un domaine immense que le chercheur ne peut envisager que modestement, même s'il a conscience de l'interconnexion des domaines étudiés. Le totalisme ne peut être, sauf à maîtriser l'état et le mouvement, un programme d'études (Sartre, 1960). De même les sciences sociales ne peuvent, selon Weber, établir une cause ultime dans l'enchaînement des causalités (Weber, 1992).

Ainsi l'anthropologie et l'éthique sont pragmatiques, sauf à embrasser l'homme dans sa totalité, la société humaine dans son infinité et toute sa complexité. Un point de vue est fatalement privilégié. Il existe donc une anthropologie sous le point de vue économique ; pragmatiquement celui-ci se réalise par les économistes eux-mêmes dans leur communauté, avec leurs instruments.

La microéconomie s'inscrit naturellement dans un cadre anthropologique en étudiant l'économie au niveau des individus, de leurs préférences, de leurs actes individuels, de leurs interactions (marché, plan, vote, transferts, stratégies informelles). A condition qu'elle soit à la fois un instrument universel (par exemple en envisageant les situations « comme si ») et de compréhension de l'altérité, la microéconomie, dans le champ de l'économie, permet de comprendre par des idéal-types.

La microéconomie concerne les individus eux-mêmes ou les formes de leurs interactions (contrat, marché, plan) ou encore les lieux de celles-ci (ménages, entreprises, communautés, etc.) ; elle a une nature compréhensive. En comparaison, la macroéconomie est plus proche de la politique économique et donc de préoccupations normatives ; elle fournit la justification du Léviathan.

Cette positivité de la microéconomie en fait un instrument critique de la macroéconomie. Le marché, l'optimum et le bien-être peuvent être des instruments critiques redoutables, la mauvaise conscience du macroéconomiste. Mais la microéconomie a souvent été mal perçue ; ses utilisateurs ne la considèrent que comme une méthode, applicable aussi bien à la recherche d'un équilibre planifié que marchand. Elle présuppose cependant une philosophie de la vie (la recherche du bonheur) ou une conception de société ; Arrow et Sen, par exemple, sont à la limite de l'économie et de la philosophie. La formalisation de la microéconomie est nécessaire, de même que ses hypothèses extrêmes. L'abstraction formalisatrice permet de synthétiser des situations et de typer des variations possibles par rapport aux hypothèses extrêmes. Par exemple la concurrence pure et parfaite permet de comprendre les imperfections de la concurrence. Typer une situation d'optimum en coin (par exemple d'optimum de pauvreté) permet de mieux situer les paradoxes de la pauvreté. L'optimum individuel et la compensation à toute externalité constituent la finalité de tout raisonnement économique. La microéconomie considère toute action ou toute situation du point de vue de ses conséquences sur l'optimum du groupe considéré. L'anthropologie économique traite non seulement de comportements, d'actions, mais systématise les préférences, les ressentiments, l'envie ou encore la frustration.

Il ne suffit pas à la microéconomie de considérer des unités élémentaires de l'analyse économique. Il faut que ces unités soient humaines (et non uniquement individuelles) et remplissent les qualités de l'anthropologie philosophique (universalité et altérité). Le plus souvent, elle ne retient que l'aspect standard, une universalité, sans s'enrichir dans la compréhension des altérités ; mais aussi, trahissant la règle de Hume, sa compréhension (positivité) devient normative. Des entités microéconomiques peuvent être constituées sans les hommes : entreprises abstraites de tout comportement, organisations, institutions ; très rapidement ces catégories appartiennent à la macroéconomie par leurs hypothèses de comportement généralisé. L'anthropologie économique serait pauvre si elle se réduisait au calcul économique individuel, par exemple de l'égalisation des utilités marginales pondérées du consommateur face à n biens possibles, ou aux conditions de son équilibre personnel optimal. Ce cas de « robinsonnade » est exceptionnel. L'Autre intervient très vite, soit pour analyser les comparaisons intrapersonnelles de Robinson, soit, plus naturellement, pour partager avec Robinson du temps, des biens, etc. Dès lors, la microéconomie s'élargit considérablement pour devenir une économie publique portant sur les modalités du partage. Trop souvent les détracteurs de la « robinsonnade microéconomique » n'ont pas conscience que l'essentiel de la microéconomie se trouve dans sa composante sociale : la gigantesque nébuleuse de l'économie publique et de l'économie sociale.

La microéconomie traite d'une « personnalité » complexe. Le plus souvent, cette personne est dualiste, faite de contraintes sociales et de choix libres. Cette *moral economy* qui caractérise l'économie est « contradictoire », faite de contraintes et de stratégies de libre choix. La « personne » pour Roemer est faite de « type social » et d'une liberté qui à son coût : la responsabilité. Il en est de même pour le consommateur de Becker qui, face à son environnement social, « produit » des utilités. La personnalité économique est ainsi complexe sur ce mode dual ; la question étant de savoir comment modéliser cette dualité. D'un point de vue technique, il faut imaginer un calcul du second ordre (ordinalité ou coordinalité[19]) et une remise en cause des possibilités de passage de l'axiomatique des préférences au calcul marginal (continuité ou priorité lexicographique ?).

Ouvrir la microéconomie signifie y intégrer les contraintes d'autres domaines, par exemple, politiques, démographiques, sexuelles. Ces contraintes interviennent sur une fonction de préférence dont les arguments peuvent être des choix de société, de principes, de personnes. Encore une fois l'angle individualiste n'a pour but que de mieux enrichir la contrainte sociale, de mieux comprendre son internalisation.

---

[19] Des comparaisons coordinales sont étudiées avec Suppes (1966) et S.C Kolm (1972). Voir encore Sen (1970) qui développe la « norme de Suppes ». Cette notion de coordinalité est présente dans l'économie de l'envie notamment chez Varian (1974), qui assimile l'envie à la conception rawlsienne du ressentiment.

1.4. Un élargissement difficile du calcul économique

La personne fait des choix qu'elle espère retrouver dans les décisions collectives. Cette exigence fonde, selon Ricoeur, la prospective. « *La prévision multiplie le choix* » et favorise le lien entre choix personnels et décisions collectives. Ricoeur célèbre « *la capacité accrue de choix* » déterminée par une morale sociale ; il est question d'une éthique de la responsabilité et d'une lutte contre la déshumanisation. Deux dogmes sont contestables du point de vue de l'anthropologie économique : la continuité et le refus de la négativité.

L'hypothèse de continuité est *ad hoc* pour le marginalisme, c'est à dire le calcul individuel, mais terriblement restrictive par rapport à la relation de choix telle que posée par Arrow. Celle-ci exprime une relation de choix i entre un nombre variable d'individus et une infinité de situations. Le dogme de la continuité restreint considérablement l'expression des choix en économie. Cette continuité est étroite ; elle oblige à des hypothèses farfelues, par exemple, la non-survie du consommateur, qui a le libre choix entre survivre ou non survivre. Cette continuité permet de substituer des doses de biens dans le choix entre biens. Mais ceci n'est plus valable dès que le choix est présupposé sur des personnes. Ces calculs impliquent des priorités. En fait, il s'agit de reconnaître la discontinuité, que ce soit dans le domaine de la consommation ou du travail. Le travail est de plus en plus marqué par des interruptions et des changements de profession, de lieu de résidence, etc.

La discontinuité devient la règle et la continuité l'exception.

Le même problème se pose avec le spectre des valeurs. Le calcul économique a attendu un siècle pour intégrer l'altruisme, entre Marshall (1890) et Becker, Barro et Buchanan (1974-1975). Cette intégration se fait à deux niveaux : celui du dogme d'un altruisme forcément positif et celui d'une continuité formée à partir des caractéristiques. L'altruisme négatif admet la malveillance ($Ui / Uj < 0$), la perversion ou encore le sadisme. De la même façon, le capital social, l'utilité ou encore la responsabilité, peuvent prendre des valeurs sur tout le spectre de valeurs : être positives, neutres ou négatives. Cette négativité est fortement condamnée par Harsanyi dans ses derniers écrits, au nom de l'hédonisme.

2. Comment mieux associer l'anthropologie à l'économie ?

L'association de l'anthropologie à l'économie est contrariée soit par une ethnologie anti-économiciste, soit par une économie globalisante. Les premières tentatives explicites (Veblen, 1899) ou implicites (la praxéologie autrichienne) dans ce sens, ont échoué.

2.1. Une association difficile

Quelles sont les principales différences entre l'individu de la théorie économique et la personne de l'anthropologie économique ? Cette personne est fondée sur la responsabilité dans une société de droits et d'obligations. Elle dispose, selon Ricoeur, d'une structure fragile de capacités. De ce fait, l'individu est vulnérable et potentiellement en souffrance ; il doit être protégé par l'application d'un principe de précaution et la reconnaissance du crime économique. Le «tout» utile doit être second par rapport à la diminution de la souffrance.

Le statut des acteurs détermine le calcul économique ; par exemple, le fait de les traiter comme des individus égoïstes et opportunistes ou comme des personnes responsables et contraintes, change le type d'économie. Les changements interviennent à tous les niveaux : valeur, répartition, principales fonctions ayant trait au travail, biens et services, finance, etc. Les économistes ont pris comme hypothèse l'idée radicale de la désaliénation de l'individu ; rejetant au rang des *moral economics* le fait de faire intervenir des déterminations religieuses ou morales. Mais ce statut d'individu complètement sécularisé n'est qu'une hypothèse radicale, tirée du Siècle des lumières. Il permet un calcul économique simplifié, mais néglige la solidarité communautaire.

Si l'on considère une personne responsable à la place de l'individu opportuniste, l'utilité n'est plus le seul facteur premier de nature exogène. L'utilité dépend de mes droits et de mes obligations, et donc de la responsabilité qui me sera imputée. Le calcul de mes droits et obligations dépend de normes sociétales ou locales qui manifestent une pression communautaire. Cette pression peut s'assimiler à un échange volontaire si le fait d'assumer mes D/O exprime ma liberté. L'utilité est donc endogénéisée et résulte de mon calcul de D/O. La personne est non seulement responsable, mais aussi rationnelle et raisonnable, et se situe à un niveau qui ne saurait revenir à la société de nature, ni à la sociobiologie. La solidarité nourrit la responsabilité, l'individualisme économique la détruit.

En général, la théorie économique aborde un seul des versants de l'anthropologie :

- Soit elle ne privilégie que l'autonomie de l'homme et sa capacité à accéder à une rationalité universelle, en refusant le « polylogisme » (Von Mises, 1949) ou en recherchant systématiquement les comportements standards, telles les recherches de la Banque Mondiale de type *Living Standard Measurement Studies* (LSMS) sur l'ensemble des économies en développement.

- Soit elle n'examine que la pure altérité, les différences culturelles, à la manière du management interculturel, de l'ethnographie assimilée à l'anthropologie, et surtout de l'anthropologie évolutionnaire de Veblen[20].

L'anthropologie économique, selon Godelier (1974), conteste l'universalité des concepts de la théorie économique et ne s'intéresse qu'à l'altérité, assimilée à la relativisation sociohistorique de Marx. A l'universalisme économiciste s'oppose un fondamentalisme (les structures profondes et cachées du mode de production capitaliste) tout aussi universaliste ; ces mêmes structures permettant de relire toutes les autres (cf. l'Introduction de 1857 de la *Critique de l'Economie Politique* et la seconde postface de l'édition allemande du *Capital*).

La théorie institutionnaliste et la théorie autrichienne ont été deux occasions manquées de l'anthropologie économique, respectivement par excès d'altérité et d'universalité. Il ne suffit pas d'invoquer la complexité de

---

[20] Veblen a été très critiqué par les économistes, mais en même temps il a publié dans les plus grandes revues économiques : JPE, QJE, REP. Ses prises de position sur l'anthropologie physique l'ont marginalisé, mais l'eugénisme et le comparatisme ethnique ont souvent été utilisés par les économistes, à l'image du fondateur de l'économie politique, Willliam Petty, avec ses échelles des créatures humaines et ses mariages californiens. Cette anthropologie est traitée dans Mahieu (2001).

la personne pour en faire une « boîte noire » ou un prétexte à un libéralisme absolu ; il ne suffit pas non plus d'affirmer l'universalité et l'altérité de l'homme. Il faut en tirer les conséquences dans la compréhension des actes économiques. L'agent économique autonome garde toujours une marge de liberté dans ses actes et doit concilier cette liberté avec son réseau de droits et d'obligations ; la personne est faite de liberté et de responsabilité dans sa relation aux autres.

L'anthropologie philosophique est une considération peu courante en théorie économique. L'anthropologie économique a été appropriée le plus souvent par les ethnologues, en référence aux ethnies lointaines ou à l'évolution des races européennes (Vacher de Lapouge, 1897), afin de dénoncer la théorie économique. A l'inverse, l'approche des problèmes économiques, dans des contextes de crise, a été largement agrégative et planificatrice. Le « bouclage macroéconomique » n'a que faire du point de vue anthropologique. L'anthropologie comme étude de l' « homme » semblait éloignée d'une microéconomie standard fondée sur des « agents » ou « individus » désincarnés, calculant isolément leur équilibre individuel avant de se rencontrer sur un marché puis sur tous les marchés. Cette référence caricaturale à *l'homo oeconomicus* passe sous silence les nombreuses microéconomies approfondies dites de l' « économie publique », traitant de l'interindividuel (Arrow, Sen), de l'interaction sociale (Becker, Barro) et de la personne (Rawls, Roemer). Une école économique importante a développé simultanément la critique du « planisme » macroéconomique et a dénoncé la réduction de la complexité de l'homme à une mécanique individuelle, notamment l'école autrichienne contemporaine avec Von

Mises et Hayek. Ce dernier faisant référence explicitement à l'anthropologie culturelle.

Plus généralement, la théorie économique de la société moderne, en particulier de la compétition industrielle, a été largement influencée par les théories sociobiologiques, en particulier Herbert Spencer (1891). Déjà Marshall (1890) utilisait largement les thèmes du *struggle for life*, thèmes repris dans la sociobiologie contemporaine de l'*altruism as fitness*. Auparavant, Marshall a fermé le débat sur la nécessaire intégration de l'altruisme et des valeurs morales (préface à la première édition des *Principes*) en affirmant définitivement le principe de continuité en économie. Aucune priorité (ou ordre lexicographique) ayant trait à des raisons morales ne saurait être établie dans le calcul économique ; il n'existe pas de cassure entre comportements, de classes, normaux ou anormaux, entre valeurs normales ou occasionnelles. L'axiome de continuité du calcul microéconomique a l'immense avantage pratique de permettre le passage entre une axiomatique des préférences et une analyse différentielle des utilités.

La prise en compte de la « nature » de l'homme s'effectue en théorie économique, en intégrant quelques hypothèses de morale (hédonisme, utilitarisme, bienveillance) et de rationalité. Mais le débat ne devient intéressant que sur le type de socialisation : interindividualité, interaction, coopération. Dès lors les lieux correspondants (ménage, entreprise, cité, marché, gouvernement) sont objets d'analyse plus que l'homme lui-même. Il est alors question du « ménage social » (Myrdal, 1953), de la « catallaxie » (Von Mises et Hayek), de l'intergénérationnel, bref d'une théorie de la condition humaine (Arendt, 1958), ou de l'action humaine (Von Mises, 1949).

2.2. L'anthropologie économique et la théorie économique : l'homme conditionné de l'interaction sociale

Selon H. Arendt (1958), Saint Augustin pose le premier la question anthropologique en philosophie, en distinguant deux questions à propos de l'homme, « Qui suis-je ? », et « Que suis-je ? ». Questionner la nature humaine consiste à dégager notre nature de tous les objets qui nous entourent. Cette question anthropologique, « Qui suis-je » se pose, selon Arendt, en face de Dieu. Si une partie de moi-même m'échappe, je ne puis la poser qu'en présence de Dieu. Cette question échappe donc à l'anthropologie économique et relève plutôt de la métaphysique. La question « Que suis-je ? » a trait à la condition humaine, en particulier de l'homme dans son « ménage social » (Myrdal), et plus généralement de ses activités. Si Arendt distingue dans la *vita activa*, le travail, l'oeuvre et l'action, Von Mises, de manière radicalement différente, replace les actions dans la « catallaxie ». La condition de l'homme ou du « ménage social » conduit à un paradoxe apparent : au plus l'homme est déterminé, au plus il devient important de passer par son mode d'internalisation pour éclairer et comprendre le jeu individuel. L'individualisme n'est alors qu'une méthode permettant de mieux comprendre les capacités de l'homme face à ses multiples contraintes sociales. Ce pouvoir sur les contraintes et cette capacité à accommoder les déterminismes échappent le plus souvent à la technique. Afin de mieux connaître le comportement des hommes, les données statistiques peuvent désormais être saisies, contrôlées, apurées, traitées et analysées avec des procédés informatiques très performants. Au lieu de plusieurs années, quelques heures suffisent dans la réalisation de ces opérations.

Mais la base anthropologique de ces enquêtes est toujours aussi faible. Les effets anthropologiques les plus élémentaires rendent les questions peu pertinentes et les réponses inadaptées : effets d'appellation, de mémoire, équivocité des unités de temps et de lieu. Les questionnaires sont d'autant plus vagues que leurs traitements sont puissants. La chance pour l'homme d'échapper à la mise en cartes et en formules toutes faites est d'autant plus forte. Ainsi, selon Malinvaud (1991), « *L'observation des modes de décision révèle que la difficulté d'informations pertinentes a plus d'importance que la difficulté de ce calcul* ».

L'anthropologie économique pourrait se situer dans les lieux historiques privilégiés de l'expression économique humaine : le ménage, la société sous-développée.

Quelle est la pratique économique du ménage ? Gunnar Myrdal (1953) pose la question : « *Que signifie une économie sociale dont la fonction est le ménage social ? En premier lieu, cela implique ou suggère une analogie entre l'individu qui gère ses biens ou ceux de sa famille et sa société. Adam Smith et J.S. Mill ont effectué explicitement cette analogie* ».

Mais, cette conception a été souvent battue en brèche par des philosophies de l'histoire. L'individu serait envahi par la modernité et son foyer, *oikos*, exposé à la face publique. Ainsi de nombreux travaux de l'après-guerre ont développé l'idée de l'homme écrasé par la société de production, de l'œuvre par le travail, sinon « obscène » de Baudrillard ; à l'image des télés ou talk shows où chacun vient exhiber son intimité. A cette prophétie de la modernité, assimilée à la socialisation du privé, répond l'idée du « *privé de plus en plus privé* » (Simmel) ou encore l'idée que le privé a toujours été privé (Hayek, 1960, en référence à Sapir sur l'universalité de la propriété).

Mais, public ou secret, le ménage n'est pas le seul lieu d'interaction sociale pouvant intéresser l'anthropologie économique. L'importance des calculs intergénérationnels en situation de crise conduit à revenir aux familles élargies, et à évoquer les dynasties. Il existe des lieux d'interaction fonctionnels (entreprises, administrations, clubs sportifs, etc.) et des modes de décision (marché, vote, plan). Il en est de ces lieux comme des sociétés, ils peuvent être envisagés globalement par leurs résultats agrégés et/ou comme autant de nœuds de contrats et de conflits permettant de connaître la condition humaine. Ainsi, des stratégies de don/contre-don dans la relation entrepreneuriale ou dans la politique (le *logrolling* par exemple) permettent de mieux connaître la condition humaine. Des effets de miroir ou des complémentarités peuvent être recherchés. Ainsi quand les économistes (Becker) s'intéressent à « l'enfant gâté », ils ont tout intérêt à enrichir leurs hypothèses (tout en gardant leur méthode) sur d'autres points de vue anthropologiques, recherche de renommée, soif de puissance, etc., afin de mieux connaître la nature du couple égoïsme/altruisme.

Le terrain d'excellence de l'anthropologie est d'autant plus la « société primitive » que la connaissance de l'homme est assimilée à l'ethnologie. Sans compter les rapports difficiles entre les tendances de l'ethnologie et l'analyse économique (voir *infra.*), l'économie considère plutôt depuis l'après-guerre non l'économie primitive, mais des « économies en voie de développement ». Effectivement, pendant cette période, la « caste inférieure » (Bardhan, 1993) des économistes du développement a fourni aux économistes nombre d'outils anthropologiques ; tel le don/contre-don en économie du travail provoquant une modification fondamentale de l'analyse du chômage. Mais, réciproquement, l'économie du développement ne constitue plus l'« exception » anthropologique à la rationalité économique, cette dernière pouvant être conçue comme une simple adaptation aux contraintes ou comme une hyper rationalité (par exemple, l'anticipation rationnelle par les planteurs de la période de soudure). Il n'est plus pensable de considérer que les « sous-développés», à la manière de la « classe en soi » des prolétaires sont en deçà de la rationalité ou du « seuil de conscience », et qu'il appartient à une avant-garde d'experts ou de politiciens de leur apporter une prise de conscience. De ce fait, la connaissance de l'homme sous l'angle économique s'effectue dans toutes les sociétés sans que le niveau de développement soit en cause. L'hypothèse de rationalité minimale (universelle) ne suffit pas, les personnes ainsi considérées ont une dimension économique qui les amène à coopérer dans leur société, en vue de leur avantage mutuel.

2.3. L'anthropologie économique face aux conflits de méthode

La question anthropologique ne peut être enfermée dans les conflits méthodologiques du type, inductivisme/déductivisme, holisme/individualisme, ou encore réalisme comparatif/méthode hypothétique. Elle n'appartient pas non plus à une discipline particulière (médecine, psychologie, sociologie ou ethnologie). En économie, la question anthropologique (Qu'est-ce que l'homme ?) est traitée de façon hypothétique par de nombreuses théories, principalement microéconomiques. Il en est de même pour l'éthique économique qui s'interroge sur la possibilité d'une économie morale. Cette problématique reste très minoritaire et s'oppose aux théories économiques a-anthropologiques (matérielles, agrégatives, holistes, systémiques, etc.).

On traitera donc de l'opposition historique entre l'anthropologie et l'économie, des termes contemporains de cette opposition, et enfin de ce qu'est pragmatiquement l'anthropologie économique, en particulier au sein des théories économiques de l'interindividuel et de l'interaction sociale.

Le point de vue anthropologique en économie traite des mœurs de l'homme économique dans son universalité et son altérité. Ce caractère associatif de l'anthropologie amène à dissoudre un certain nombre de conflits de méthode, constitutifs des sciences sociales : holisme versus individualisme, évolution historique versus récurrence ethnocentrique.

Prenons le vieux conflit entre holisme et individualisme. Le point de vue anthropologique postule l'individu et son autonomie (dans l'universalité) dans sa capacité à créer le social (même inconsciemment) et à en adapter les contraintes. L'homme est le point de passage obligé des normes, fussent-elles l'expression de contraintes sociales très fortes. L'anthropologie étudie comment l'homme internalise les normes, l'individu permettant d'analyser par son réseau sociétal (cf. *infra* les cartes individuelles de droits et d'obligations), les normes sociales. L'anthropologie n'oppose pas l'individu au social ; l'individualisme méthodologique consiste à utiliser l'individu comme représentation des contraintes sociales.

L'universalité ne constitue pas un point de vue ethnocentrique, mais la fatalité qui préside à une lecture récurrente à partir des progrès de la raison.

L'ethnocentrisme peut s'introduire dans les internalisations et les déviations ; par exemple, on peut estimer que les relations familiales sont de même nature en Afrique et en Amérique du Nord. L'effet de miroir joue dans l'espace, mais aussi dans le temps. L'histoire nous apprend ainsi qu'il existe des universaux dans le comportement économique passé et des modalités spécifiques dans leur adaptation. Les modalités spécifiques d'échange (potlatch, kula), de destruction (bilabia), les facilités de certaines zones d'abondance (Sahlins, 1972), permettent de mieux comprendre l'adaptation des principes généraux de la maximisation sous contrainte. Le don, la consommation ostentatoire, la destruction du surplus ont des finalités politiques et culturelles que nous devons comprendre.

L'anthropologie étudie ainsi l'homme dans son universalité et son altérité ; économique, elle met en relation ces caractéristiques avec la pragmatique économique, les actes économiques quotidiens. Ces actes sont donc normatifs ; la tâche des outils économiques, dans cette perspective, consiste donc à mettre en valeur l'universalité et l'altérité.

2.3.1. Qu'est-ce que l'homme ? Statut de l'individualisme méthodologique

La question de l'homme économique est inévitable. L'épouvantail de l'*homo oeconomicus* l'a reléguée au rayon des abstractions dangereuses. Or cette question est première. L'homme est capable de réfléchir et l'expression de ses préférences en théorie économique fait appel à sa totalité. Comment dénoncer à la fois le réductivisme économique de l'*homo oeconomicus* et l'application élargie de l'économique à tous les compartiments de la vie sociale ? En sciences sociales, il est courant d'opposer le social à l'individuel, le nominalisme au réalisme social. Le problème devient aisément un débat sur la genèse du social, atomisme contre moléculaire, ou de la réduction du tout aux éléments (cf. le débat autour de la *Gelstat* théorie). Ce débat sur la méthode d'appréhension du social a été systématisé par Maurice Godelier dans *Rationalité et irrationalité en économie* en opposant *l'homo oeconomicus* à la totalité sociohistorique comme point de départ de l'analyse de la société. En économie, ce débat porte fondamentalement sur le *no bridge* entre la micro et la macroéconomie, entre la problématique de l'équilibre général (Walras) et celle de l'équilibre global (Keynes). Un débat sur les fondements microéconomiques de la macroéconomie a été introduit à partir du milieu des années 1960 (par exemple, Clower, 1970), sur la capacité à faire de Keynes un cas particulier de Walras. Ce débat entre micro et macroéconomie, ou d'une certaine façon entre structure et individu est dépassé par la dimension anthropologique. Dans ce cadre, il n'est pas question de contester l'existence de l'Autre ou encore les normes sociales qui s'ensuivent, mais d'affiner l'analyse en examinant avec soin comment chacun, en fonction de l'Autre, internalise le social, les droits et les obligations qui en résultent.

Il est donc nécessaire de saisir comment chaque homme se représente le social sous une forme qui lui est propre, spécifique, tout en étant traitée par une méthode universelle. Telle est la méthode de représentation des normes qui est proposée, en montrant des cas de configuration strictement individuelle (personne ne peut avoir le même schéma d'allocation du temps, le même réseau de sociabilité, etc.).

2.3.2. Fondements microéconomiques des déséquilibres macroéconomiques

Dans le domaine de la compréhension économique, l'anthropologie économique est un point de vue particulier qui ne saurait se substituer à celui, par exemple, de la macroéconomie, particulièrement dans le domaine du développement.

L'anthropologie permet de relativiser le point de vue universel en tenant compte des altérités. L'anthropologie économique internalise les contraintes macroéconomiques au niveau des personnes, et externalise les déformations individuelles au niveau d'une entité méso ou macroéconomique, marché, communauté, secteur, branche ou agrégat. Néanmoins, cette interrelation a été évacuée sur la base d'un postulat de *no bridge* entre les deux domaines, d'une macroéconomie a-anthropologique ou encore d'une microéconomie standard. Les déséquilibres macroéconomiques sont posés le plus souvent « par hélicoptère », par exemple avec l'hypothèse d'un *mark up* des entreprises. Or ils se trouvent dans les relations interpersonnelles elles-mêmes, relations esquivées au nom d'une prétendue « boite noire ».

La condition humaine est au centre de l'analyse économique, question esquivée par la macroéconomie. En fait, derrière les agrégats, il est possible de rentrer dans la boîte noire des personnes et des relations interpersonnelles ; cette remontée dans la chaîne des causes aboutit à faire des hypothèses sur les contraintes personnelles et les déséquilibres originels. Les institutions, les organisations, les communautés et autres formes sociales sont des unités pertinentes d'observation des agents économiques et de leurs interactions. Ainsi le ménage, l'entreprise, le gouvernement, ne sont pas seulement des unités « écran », dont on relève les performances sans interrogation sur leurs modes d'obtention. Ils sont des lieux de contrat ou de conflit, de lutte ou de coopération. Les circonstances et les processus économiques au sein de ces institutions forment l'objet d'une anthropologie économique particulièrement adaptée aux outils de la microéconomie : analyse marginale, axiomatique des choix, théories stratégiques.

Une anthropologie économique qui prétendrait rejeter les outils de la microéconomie se priverait de la possibilité d'étudier les principaux problèmes économiques ayant trait à l'homme, notamment ses choix sous contrainte, dans le contexte de sa personnalité.

A l'inverse, quand la microéconomie refuse la personne pour la réduire à un individu standard, elle évite la question anthropologique.

Sur des bases anthropologiques (Mauss, 1950 ; Geertz, 1996), de nombreux domaines de la réflexion économique ont été bouleversés par la prise en compte des relations interpersonnelles. Ainsi les relations de travail dans les entreprises sont analysées, depuis Akerlof (1984), derrière un contrat informel comme des marchandages implicites de don/contre-don. De la même manière, derrière les gouvernements, les analyses économiques ont souligné des comportements analogues de *logrolling*, *rent-seeking*, corruption, clientélisme et paternalisme en tous genres. L'exemple le plus récent est celui des ménages et des stratégies interindividuelles menées par leurs membres face aux contraintes économiques, notamment le jeu sur les cartes du « tendre » (les transferts) et la carte du « temps » (les activités).

Dans tous les cas, les transferts entre vivants (20 % du PIB aux Etats-Unis, plus de 100 % du revenu pour certains fonctionnaires dans le Tiers-monde) perturbent les agents économiques. Leur environnement social les oblige à contraindre leurs actes économiques les plus élémentaires: production, consommation, épargne, investissement, etc. Ils doivent ainsi arbitrer entre les perturbations « égoïstes » causées par le report temporel de leurs jouissances et les perturbations « altruistes » occasionnées aux obligés par leur jouissance immédiate, et trouver un taux d'épargne d'équilibre individuel. Ce type de calcul dépend de la force des relations de sociabilité et d'éléments affectifs difficilement chiffrables.

Ces éléments composent pour chaque individu une carte individuelle de sociabilité, faite d'obligations réciproques et sur lesquelles s'effectue un choix stratégique. Les contraintes de revenu et de temps obligent à choisir, à dissimuler ou à exagérer. Toute atteinte de l'équilibre individuel par la politique économique ou autre événement exogène, est immédiatement intégrée par les individus qui réagissent. Le sens de cette réaction peut être, par exemple, une préservation « pied à pied » des transferts effectués à certaines personnes de la carte de sociabilité. La quantification et la compréhension de ces transferts, la plupart « informels », restent un problème majeur. En moyenne 10 à 20 % de l'utilisation du revenu échappent ainsi à la volonté du politique !

La carte du « tendre » n'est pas la seule possibilité stratégique ; la personnalité s'exerce dans un choix sur le temps. Les nombreuses découvertes sur la production informelle (dans la plupart des cas, une pluriactivité) aggravent les difficultés de la politique économique. Cette fois, la production-consommation, un marché et des revenus échappent à l'enregistrement statistique. Cette réaction s'effectue sur la carte individuelle du temps. La marge de liberté qui existe sur la carte individuelle du temps est importante dans certaines situations, notamment en milieu rural, et les économies informelles représentent une part importante de l'économie nationale. La carte du temps est particulièrement flexible dans un cadre informel et permet une remarquable réaction à toute contrainte, et notamment à la politique économique. Dans quelle mesure la réduction du temps de travail, par exemple dans le bâtiment, se traduira-t-elle par une augmentation du travail informel ? A l'inverse, si l'on considère que l'emploi du temps de tout homme est saturé, il est difficile de savoir quelle sera sa réaction à une contrainte supplémentaire sur son allocation de temps.

Transferts et pluriactivité se croisent et peuvent se compléter. Face à ses contraintes économiques, tout individu a cette marge de manœuvre, utiliser son entourage et/ou employer le temps dont il dispose. Si l'Etat accorde des subventions importantes aux citoyens, l'utilisation des autres stratégies (revenu formel, transferts informels, pluriactivité) deviendra moins pressante. Ainsi, la relation entre stratégies informelles (transferts, pluriactivité) et stratégies formelles (revenu individuel formel, transferts étatiques) délimite la dotation (les possibilités) qu'une personne utilise face à ses contraintes. En considérant que cette dotation correspond à un minimum vital donné, toute diminution d'une de ses composantes (subvention étatique par exemple) se traduit, sauf disparition, par l'augmentation des autres possibilités de revenu (transferts privés, revenu individuel, pluriactivité informelle). Mais la forme de cette recomposition ne se laisse pas prévoir mécaniquement au nom de la liberté relative des personnes. L'édifice est d'autant plus fragile que la situation est misérable.

3. La méthode : des conflits à la complémentarité

Existe-t-il une incompatibilité entre les méthodes de l'anthropologie et celles des économistes ?

L'anthropologie privilégie le principe de réalité, l'économie est hypothétique. A l'abstraction des économistes, on oppose la recherche concrète des différences. L'anthropologie est prioritairement une étude de l'homme. Cet homme n'est pas forcément social, contrairement à ce qu'affirme Lévi-Strauss (exemple : la responsabilité de la personne par rapport à elle-même chez Sartre). L'anthropologie l'étudie dans son unité et sa diversité. Elle le respecte dans sa dignité de personne, dans son authenticité, hors de tout ethnocentrisme. Elle est fondée sur l'observation directe des comportements sociaux à partir d'une relation humaine et, en tant qu'étude de la personne, favorise les outils économiques.

3.1. L'anthropologie privilégie l'expérience personnelle du terrain

Elle privilégie les enquêtes compréhensives (par exemple en suivi d'un panel) plutôt que représentatives. Le terrain implique de se fondre dans le groupe social étudié afin de garantir l'objectivité de l'analyse.

«*L'anthropologie cherche, elle, à élaborer la science sociale de l'observé*» (Lévi-Strauss, 1958).

Elle préfère travailler sur des personnes au quotidien, au nom d'une rationalité locale. Ces personnes ont droit au respect au nom d'une éthique de la statistique (Tolstoï 1892 ; Goulet, 1965). Elle fait référence à la totalité, au «fait social total», mais ne prétend pas la saisir. La totalité ne veut pas dire le « *totalisme* », mais une totalité construite par interactions entre structures et comportements. L'anthropologie a trait à tous les hommes et à «tout l'homme» selon la formule de Lebret (1968). Elle procède à des analyses comparatives, à la manière de l'anthropologie en miroirs de Kluckholn (1985) : je comprends mieux ma société par la compréhension des autres.

Lévi-Strauss, dans son projet d'enseignement de l'anthropologie, rappelle les qualités à observer :

- Objectivité : il faut s'élever au-dessus des méthodes de pensée et des notions abstraites, notamment en économie, par exemple la productivité marginale. L'anthropologue cherche le sens dans une perspective sémiologique.

- Totalité : au lieu de morceler comme le font les économistes, il faut « *découvrir une forme commune aux diverses manifestations de la vie sociale* » ; on retrouve ici le fait social total initié par Marcel Mauss.

- Signification : les sociétés sont fondées sur des relations personnelles, particulièrement dans le cas des sociétés dites « primitives ».

- Authenticité : il faut travailler sur des groupes sociaux pertinents et ne pas abuser des études de caractère national ; ce que dénonce Geza Roheim (1978) à propos des travaux de Margaret Mead sur les Américains, ou de Ruth Benedict sur le Japon.

D'autres principes peuvent être formulés :

- Réciprocité : l'observation porte sur l'observé et l'observateur.

- Réflexivité : il faut tenir compte des caractéristiques de l'observateur.
- Relative autonomie de l'anthropologie vis-à-vis de la sociologie.
- Universalité : applications possibles à toutes les sociétés.

3.2. Complémentarité des méthodes dans la compréhension de la personne

Pour comprendre une personne dans une interaction sociale, l'anthropologie économique n'est qu'une méthode (Gastellu, 1984). Lévi-Strauss (1958) insiste sur le rapprochement de l'anthropologie avec la nouvelle formulation des problèmes économiques, notamment la théorie des jeux.

L'identité de chaque personne commence avec ses rapports de parenté ; elle apparaît dans une interaction de droits et d'obligations entre les générations.

Ainsi la responsabilité d'une personne fondée sur des données anthropologiques devient une contrainte économique. En d'autres termes, l'utilité dépend des droits et des obligations, et donc de la responsabilité qui est imputée à chaque personne. Face à une obligation d'ordre anthropologique, la personne peut utiliser les procédés économiques ; par exemple la théorie des jeux ou le calcul économique. Elle peut manipuler l'information sur son revenu ou compenser une obligation communautaire, par exemple donner des biens plutôt que du temps à la communauté.

Des substitutions sont possibles dans le cadre d'une stratégie. Cette substitution peut être illustrée par des représentations microéconomiques classiques : courbes d'indifférence et boîtes d'Edgeworth (Figure 7).

L'allocation de temps sera ainsi particulièrement déformée par les contraintes de temps liées aux droits et aux obligations avec des règles de priorité d'ordre anthropologique. La théorie économique retient un choix majeur entre le travail et le loisir au sein de l'allocation de temps. Le temps communautaire joue un rôle fondamental entre les deux ; par exemple, le dressage des enfants n'est ni un loisir, ni un travail, il correspond typiquement à une obligation communautaire.

Figure 7. Déséquilibre entre obligations réciproques

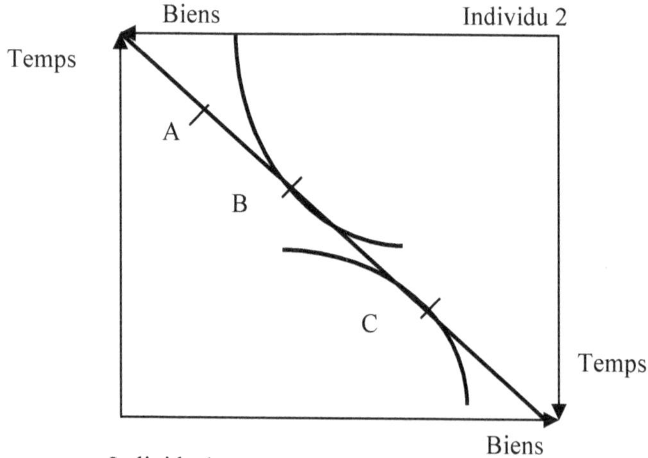

La communauté est une entité compréhensive ; sa valeur dépend de sa configuration (taille, nombre de normes, qualité du corpus de normes, efficacité de la communauté).

Le mécanisme peut être simplifié (sinon exagéré) de la façon suivante (Figure 8) :

- si la demande de protection sociale s'accroît, la taille de la communauté (T) s'accroît ;

- si la taille des communautés s'accroît, le nombre de normes doit augmenter proportionnellement (N) ;

- si le nombre de normes augmente, la qualité (Q) du corpus de normes diminue (les normes deviennent contradictoires, leur portée est diluée, etc.) ;

- en définitive, l'efficacité (E) de la communauté diminue et la demande de protection sociale n'en est que plus grande.

Figure 8. Structure de la communauté

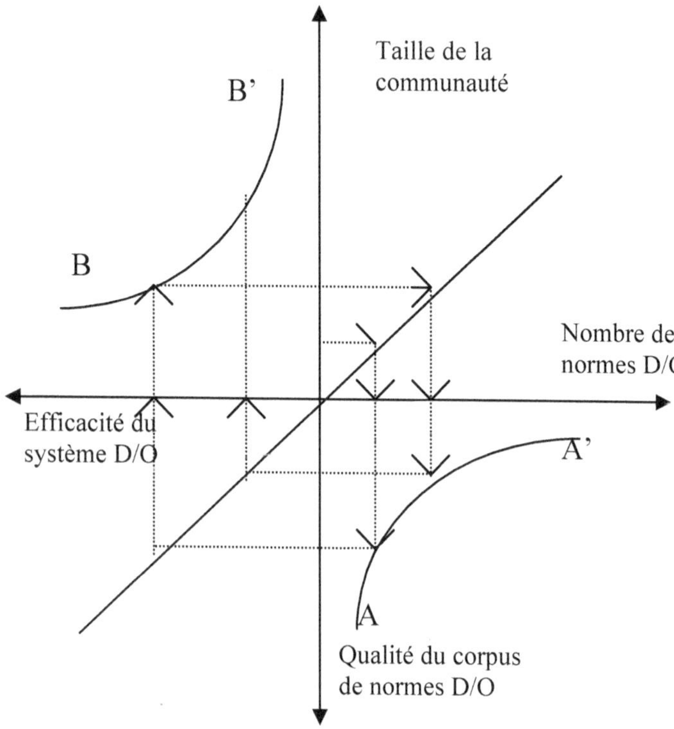

Le comportement par rapport au temps est fonction à la fois des perturbations égoïstes (intertemporelles) et des perturbations communautaires, en grande partie intergénérationnelles, soit ascendantes, soit descendantes (Figure 9).

Figure 9. Un traitement anthropologique du temps économique

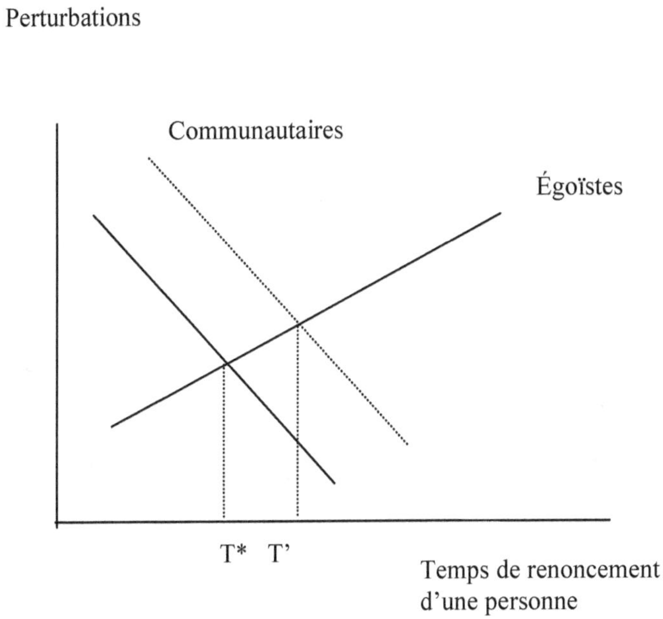

Cette figure 9 exprime le « taux d'intérêt » sur une base anthropologique, en fonction du ressenti de chaque personne vis-à-vis du temps. En cas de pression communautaire supplémentaire, les perturbations augmentent, la courbe correspondante est plus élevée ; en conséquence, le temps de renoncement (à la consommation, à l'investissement) ou taux d'intérêt subjectif augmente, en décalage probable avec le taux d'intérêt officiel.

Figure 10. Priorité et consommation personnelle

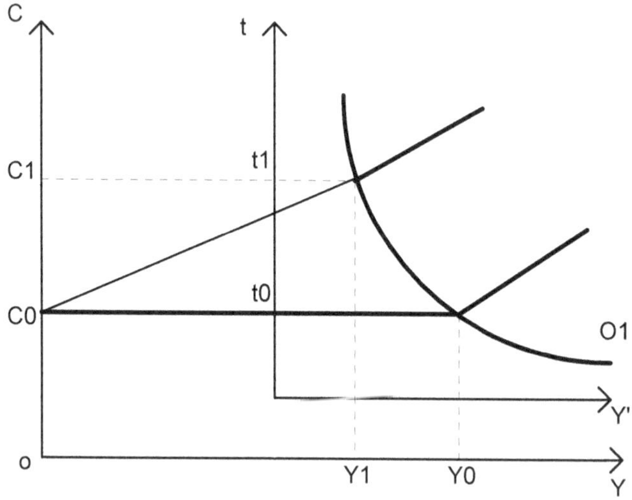

Dans la figure 10, la contrainte communautaire détermine une priorité de la personne dans la vie courante. Dans une économie « flexible », la consommation C0 est rigide par rapport au revenu en raison des transferts intra et intergénérationnels, jusqu'au seuil où le revenu Y0 assure la réalisation minimale des obligations. Cependant, la personne peut modifier sa contrainte de transferts en substituant du temps au revenu, soit par un report des obligations dans le temps, soit par une modification de l'allocation de temps dans la période. Dans ce cas, elle consommera plus, en passant de C0 à C1 et de t0 à t1. Le seuil de revenu Y1 à partir duquel la consommation croît est également abaissé ; Y1 et Y0 sont des « seuils ».

Le niveau d'obligations O1 peut encore être abaissé ou élevé, soit en fonction d'un changement social (perte de statut), soit en fonction d'un acte volontaire (abandon des obligations, manipulation de l'information, etc.), soit encore en fonction de la politique de l'Etat et de la conjoncture économique. La personne peut donc aménager ses contraintes. L'aménagement de la responsabilité procède des revenus et du temps consacré à autrui. Le calcul économique responsable admet la substitution. L'inefficacité des politiques économiques dépend alors de la configuration de la société, en particulier des contraintes personnelles sur les biens et les allocations de temps. Ces contraintes sont d'autant plus fortes que l'Etat se désengage au profit des responsabilités personnelles et que celles-ci sont aggravées par une forte crise sociale (pauvreté, chômage, crises familiales).

L'économiste assume des données le plus objectivement possible ; il doit faire face aux problèmes de rentabilité qui s'opposent à l'objectivité. Il est tenté de reprendre des données extrapolées pendant de nombreuses années ou encore de fabriquer des données globales à partir d'enquêtes légères. L'éthique statistique concerne aussi le traitement de l'enquêté, en particulier de sa rémunération. L'éthique statistique implique que l'économiste intègre les différentes étapes de son enquête, de la pré-enquête jusqu'à l'analyse. Il faut éviter que la relation soit bâtie sur une division du travail entre collecteurs de données au Sud et analystes du Nord, principaux bénéficiaires[21].

---

[21] Cette volonté d'intégration s'est traduite par la création d'un Master de statistiques appliquées au développement, auprès de l'ENSEA d'Abidjan

Un dernier exemple de l'importance de la méthode a trait à la randomisation qui est considérée comme objective, mais qui dépend d'un contexte anthropologique.

La méthode de l'anthropologie économique est la synthèse de méthodes anthropologiques et de méthodes économiques. La structure de la personne connaît des vulnérabilités (économiques) et de la souffrance (anthropologique).

Conclusion

L'association de l'anthropologie à la réflexion économique pose de nombreux problèmes. L'économie est plutôt hypothético-déductive. L'anthropologie s'appuie essentiellement sur un principe de réalité et de ce fait est plus proche de la sociologie. Au-delà, l'éthique économique s'appuie sur deux principes selon Arrow (1963), l'individualisme et l'hédonisme. Elle applique une double hypothèse de continuité et de comportement positif.

Cette anthropologie économique admet la priorité de la personne et donc une discontinuité ; personne qui s'inscrit à la fois dans un calcul personnel et dans la prise n'en compte des autres. Elle « comprend » les phénomènes humains avant toute explication systématique. Elle est une phénoménologie de la personne. A ce titre, elle admet les comportements négatifs.

L'anthropologie économique s'est enfermée dans l'étude des sociétés primitives et dans les conflits de méthode. Il est possible de revoir l'association de l'anthropologie à l'économie. Les exigences de l'anthropologie économique, par exemple le retour au terrain et à des phénomènes humains, permettraient une phénoménologie de la personne.

Ce chapitre a résumé la méthode de l'anthropologie économique ; méthode qui conditionne la qualité des données économiques compte tenu de la diversité des sociétés. Cette méthode accompagne l'analyse, mais ne la rejette pas.

Chapitre 4. Une anthropologie de la vulnérabilité humaine et sociale

La vulnérabilité désigne à l'origine, la possibilité pour un humain d'être blessé sinon tué. Ce n'est pas une notion nouvelle en philosophie et en sciences sociales. Concept de base, analogue à la fragilité dans la philosophie de Ricoeur[22], la vulnérabilité est très précise en économie sociale : vulnérabilité au travail, au chômage, à la pauvreté, au harcèlement, etc.

Par contre, l'élargissement de cette notion aux groupes sociaux et aux pays est récent. Ainsi, les économistes ont intégré la vulnérabilité dans la macroéconomie, notamment pour illustrer des économies exposées à des chocs. Le Fonds monétaire international retient des indicateurs globaux ayant trait à la vulnérabilité macroéconomique d'une nation : endettement, liquidités, réserves, performances des entreprises. Cette vulnérabilité envisagée au niveau des agrégats est très éloignée de la dimension humaine. L'utilisation de la notion de vulnérabilité s'élargit sans que le concept soit bien défini. La Banque mondiale énonce que « *la vulnérabilité mesure la probabilité qu'un choc entraîne une diminution du bien-être* » (Banque Mondiale, 2001). Mais la vulnérabilité peut se produire sans probabilité et, si elle est probable, n'être pas mesurable. D'autre part, en reposant sur des probabilités, la vulnérabilité ne peut échapper au débat entre probabilité objective et subjective.

Plusieurs auteurs, G. Shackle (1949), J. Hicks (1965), mettent en doute la capacité des probabilités à intégrer les « possibilités » ou encore les « surprises potentielles »

---

[22] Voir Ricoeur, 1988.

d'une personne par rapport aux événements. Hicks affirme que la probabilité du désastre ne se mesure pas. Selon Shackle, la vulnérabilité est une perte d'ascendance par rapports aux évènements. A la limite, la probabilité serait le « *reflet de notre ignorance* » (Suppes, 1966), à la mesure d'évènements tels que les épidémies, les éruptions volcaniques, les grandes tempêtes, les tremblements de terre, et. Ce sont des évènements plausibles, mais non probabilisables ; ce qui pose des problèmes graves de réparation et suscite actuellement un débat sur la nature de l'indemnisation. Ce débat montre la nécessité d'élargir le champ des méthodes liées à la formalisation de la vulnérabilité de la personne, en distinguant différentes modalités de probabilité, de possibilité ou encore de plausibilité, mais aussi de recadrer conceptuellement et séquentiellement la vulnérabilité par rapport à la fragilité, la faillibilité ou encore la fautivité.

Cette double ouverture de la vulnérabilité, aux niveaux de la méthode et des concepts, est l'objet de ce chapitre. Celui-ci est organisé de la manière suivante : dans un premier temps nous définissons la vulnérabilité et nous montrons les raisons pour lesquelles il est difficile d'en donner une définition précise, pour ensuite introduire les notions de fragilité et de faillibilité.

Dans un deuxième temps nous associons la notion de responsabilité à celle de vulnérabilité. La responsabilité nous permet d'analyser la vulnérabilité de la personne à travers l'exemple des transferts *inter vivos* et de la pluriactivité.

Dans la troisième section, nous discutons de la mesure de la vulnérabilité par les probabilités. Nous montrons que la probabilité n'est pas efficace pour mesurer la vulnérabilité compte tenu du fait que la personne n'est pas seulement vulnérable, mais elle est aussi fragile et faillible. Dès lors, les politiques de lutte contre la pauvreté, par exemple, doivent tenir compte de la fragilité et de la faillibilité de la personne.

Enfin dans la dernière section nous présentons nos principales conclusions.

1. Définir la vulnérabilité

La vulnérabilité humaine et sociale est étudiée ici au niveau de la personne responsable. La personne subit comme tout individu des évènements qui la fragilisent, mais en plus, sa vulnérabilité est accentuée par le poids (la disproportion) des responsabilités. La vulnérabilité se traduit pour la personne par une atteinte à son *agency*, sa capacité d'agir et de réagir face aux évènements, notamment par une déstabilisation de la structure de ses capacités. Le développement humain durable implique une ascendance sur les évènements afin d'éviter une vulnérabilité permanente, transitoire ou cyclique.

1.1. Une définition difficile

La vulnérabilité recoupe diverses périodes où la situation d'une personne (la disproportion de ses obligations) ou l'évolution de son environnement (disparition des protections) diminuent sa capacité de protection ou encore d'ascendance face aux aléas (risque ou incertain). La vulnérabilité peut être permanente, transitoire, sinon cyclique, elle est donc très dépendante des modalités temporelles. Elle est d'autre part, partielle (vulnérabilité au chômage) ou générale (vulnérabilité à la misère) pour une personne donnée. Dit autrement, la vulnérabilité est une situation critique particulière d'exposition à un risque de « blessure » (pauvreté, chômage, maladie, conflit, indignité, exclusion, etc.), donc à un évènement négatif. Des politiques peuvent détruire certaines défenses, qui assuraient une invulnérabilité. Ainsi une politique anti-pauvreté peut être créatrice de vulnérabilité. Par exemple, dans des pays très pauvres, on transforme (par une aide alimentaire ou financière mal conçue) des paysans pluriactifs misérables en artisans mal formés, sans marché correspondant, fragilisés ou vulnérables, ne pouvant utiliser leur pluriactivité. La soutenabilité des politiques anti-pauvreté tient en grande partie dans cette question : l'amélioration des indicateurs sociaux n'entraînera-t-elle pas une vulnérabilité encore plus grande ?

La vulnérabilité se traduit par une déstabilisation de la structure d'activités, de revenu, de capacités. La vulnérabilité est une fragilité particulière (exposition) d'une personne face à un facteur (démographie, politique économique, autocontrainte, responsabilité) qui déstabilise sa capacité à se protéger et donc son ascendance sur les évènements. Une personne vulnérable à la pauvreté n'est pas immédiatement pauvre, mais peut re-tomber dans la pauvreté plus fortement, relativement au temps et aux autres. Donc il s'agit d'une fragilité particulière et d'une possibilité forte de tomber ou retomber dans un malheur donné.

La fragilité est très différente selon les sujets étudiés, individu, personne, citoyen, agent, etc., l'angle de vision, micro, méso ou macroéconomique, et surtout selon la modalité temporelle. Le développement durable doit associer les vulnérabilités intragénérationnelles, à court et moyen terme, à celles qui sont intergénérationnelles (long terme). On distingue des vulnérabilités conjoncturelles, des vulnérabilités structurelles. L'enfant mal nourri et maltraité connaît une vulnérabilité structurelle, par exemple il peut être abandonné comme « enfant sorcier » (Ballet, J., Mahieu, F.R., 2009). Mais certaines personnes peuvent connaître une phase difficile et s'en remettre définitivement. On peut ainsi distinguer une vulnérabilité forte (irrémédiable) d'une vulnérabilité faible (remédiable) ; mais aussi la vulnérabilité « en soi » (inconsciente) de celle « pour soi » (consciente).

La vulnérabilité a un sens particulier en bioéthique sous la forme d'un principe vulnérabilité. Ce principe prescrit « *le respect, le souci, la protection d'autrui et du vivant en général, sur la base du constat universel de la fragilité, de la finitude et de la mortalité des autres* » (Hottois, Missa, 2001).

La responsabilité et la vulnérabilité sont deux principes associés à la personne. La vulnérabilité concerne tous les domaines de la vie et en économie, tous les domaines possibles : production, consommation, épargne, investissement. La fragilité désigne, chez Ricoeur, la disproportion liée à la responsabilité de la personne. Cette dimension du sujet (la personne responsable) n'étant que peu abordée, elle sera explorée dans les points suivants.

1.2. Vulnérabilité, fragilité, faillibilité

Dans une conception humaine de l'économie, les sujets sont chargés de responsabilité et donc vulnérables et faillibles ; la disproportion des responsabilités les rend vulnérables et peut les amener à l'erreur.

En effet, la responsabilité comme l'altruisme n'est pas bonne en soi. Elle peut s'avérer malveillante et criminelle. A l'hédonisme égoïste, répond une conception plus large des valeurs, au nom d'une conception positive de l'éthique. En définitive, le radicalisme économique considère les individus comme des objets, contrairement à l'anthropologie économique qui les prend comme des sujets responsables de leur destin. L'individu comme objet n'est pas libre, il obéit à ses instincts et à des lois fatales. La personne autonome, capable d'être responsable, assume ses choix et ses contraintes, prouvant par là même sa liberté. Surchargée de responsabilités, éventuellement contradictoires, menacée de sanctions, toute personne est vulnérable. Elle peut se retrouver perturbée à devoir choisir ; par exemple le responsable de famille en plein dénuement assumera de voler. La responsabilité amène ainsi à la faute. Mon engagement politique me conduit à tuer mon meilleur ami[23].

Paul Ricœur (1995) insiste sur la « disproportion » qui rend la personne capable de faillir. Ainsi la séquence des responsabilités peut se terminer par une capabilité[24] à faire le mal. La faillibilité est un concept ambigu chez Ricoeur, il exprime à la fois l'erreur (cf. l'infaillibilité du pape) et la propension à faire du mal. Ce double sens pose un problème de cohérence dans la mesure où le mal peut suivre un processus infaillible. La rationalité du mal, du crime par exemple, fait l'objet d'une théorie économique (Becker, 1974) qui se veut a-morale. Il convient alors de dissocier la faillibilité de la capacité fautive à faire du mal. Cette propension à la faute peut être exprimée par la fautivité. L'erreur par rapport au projet de l'humanité rend le responsable capable d'une faute au sens d'une atteinte à la personne. La fautivité est une capacité ou encore une capabilité négative, une liberté à faire du mal à soi-même et/ou aux autres. Ricoeur énonce « *la faiblesse constitutionnelle qui rend le mal possible* ». La fautivité évoque une capabilité négative, la liberté de faire le mal. La disproportion peut être interne (relative au poids des

---

[23] Illustré par le film de Ken Loach, *Le vent se lève* ; la cause irlandaise amène à fusiller ses meilleurs amis sinon son propre frère.

[24] Capabilité définie au sens de Sen.

obligations par rapport aux ressources) ou externe (l'intragénérationnel par rapport à l'intergénérationnel).

La vulnérabilité ou fragilité rend compte des risques de destruction de la personne. Les coûts engendrés par le développement sur l'homme sont-ils humainement soutenables ?

Les coûts de l'homme à la façon de Perroux sont les niveaux sociaux qu'il faut assurer pour l'homme. On peut simplifier la responsabilité en économie en l'assimilant à une pression (r) initiale sur le revenu, Y ; soit rY, d'où Yd le revenu disponible est $Yd = (1- r)\ Y$, rY est un seuil de responsabilité si $Y < rY$, alors la personne devient vulnérable et faillible. Le seuil n'est plus un minimum physiologique, mais un minimum de capacité à être responsable, à s'autocontraindre. Ce seuil induit des réactions en cas de mise en cause et des effets aléatoires. Avec le revenu disponible, la personne peut choisir librement son mode d'agir dans le domaine de la consommation et de l'investissement. Il existe ainsi une capacité initiale à remplir ses obligations qui conditionne le choix ultérieur de la personne entre les emplois du revenu. En d'autres termes, la capacité à assumer ses responsabilités conditionne la capabilité en tant que libre choix rationnel. Le problème de la responsabilité dépasse celui du niveau de revenu nominal, mais dépend de r. Une personne à revenu élevé peut subir une contrainte forte de responsabilité et réciproquement une personne pauvre bénéficier d'une forte prise en charge, rendant très floues les lignes de pauvreté. Ce seuil de responsabilité est donc très variable selon la situation sociale de chaque personne.

2. Vulnérabilité et responsabilité

La vulnérabilité est une fonction qui se rapporte à deux variables, l'une désignant la personne (i) et l'autre le domaine ou l'action (x) engendrant cette vulnérabilité, soit V ix. Les domaines les plus fréquemment cités ont trait à la santé, l'emploi, l'altruisme. La responsabilité est un des domaines générateurs de vulnérabilité les moins étudiés.

2.1. Un cas particulier : la personne responsable est donc vulnérable

Chaque personne possède des capacités qu'elle peut mettre en œuvre, face à ses contraintes économiques, pour vivre en état de bien-être. La privation de ces capacités, qui sont principalement « réelles »[25], définit la pauvreté de capacités. Les capacités prennent de multiples formes (économiques, humaines, sociales, financières, etc.), le revenu monétaire n'étant qu'une composante de ces capacités. La personne n'étant pas un « *idiot irrationnel* » (Sen, 1993), elle combine intelligemment ses capacités, en jouant sur leurs propriétés et leurs limites, de façon à assumer ses responsabilités tout en restant raisonnable vis-à-vis de sa communauté. Elle peut, par exemple, travailler plus dans son emploi déclaré, jouer sur les subventions de l'Etat, activer des transferts *inter vivos*, avoir des occupations informelles, etc. Cette combinaison définit sa structure de capacités. Cette structure présente un intérêt évident : toute combinaison de capacités, si elle est bien adaptée au contexte, rend la personne moins vulnérable aux chocs extérieurs et donc, au risque de tomber dans la pauvreté. De plus, elle accroît ses chances de s'en sortir rapidement en cas de difficultés. Cela lui permet d'éviter

---

[25] Au sens économique de non monétaires et donc évaluables par des prix relatifs.

les trappes à pauvreté et, surtout, le risque d'y enfermer aussi les enfants qui sont la génération à venir.

L'expérience montre que cette structure reste relativement stable : le niveau d'éducation, l'état de santé, le réseau social, la capacité à travailler, les moyens financiers, etc., ne varient que faiblement à court terme. Elle est, néanmoins, fragile compte tenu des limites qui existent dans les capacités considérées les unes vis-à-vis des autres. Il existe des limites au travail salarié, aux transferts, aux activités informelles, tant individuelles que sociales. Par conséquent, la substitution entre les capacités a aussi ses limites : le travail salarié peut être remplacé par de l'aide privée, le revenu individuel par du revenu social, mais uniquement dans certaines limites. Ces limites se traduisent par des « effets de seuil » au-delà desquels les effets attendus sont contrariés. La structure de capacités risque alors de devenir inefficace voire malveillante, à travers des effets pervers, et rendre la personne encore plus vulnérable.

Les mesures de réduction de la pauvreté, dans un contexte socioéconomique donné, ont un effet sur la structure de capacités des personnes concernées. Tant que les limites des capacités ne sont pas atteintes, la structure de capacités se reconstruit de façon à réduire la vulnérabilité de la personne. Néanmoins, et de manière paradoxale, il arrive que cette structure soit déstabilisée, même si l'on a voulu renforcer tout ou partie des capacités existantes. D'où le constat que les politiques sociales, contre la pauvreté ou le chômage par exemple, peuvent détruire des capacités et renforcer la vulnérabilité des personnes considérées. Ceci est particulièrement vrai pour les femmes qui font face à une longue « *chaîne d'inégalités sexuées* »[26]. Dans ce cadre, les limites dans

[26] Dubois J-L., 2000.

leurs structures de capacités sont plus étroites, en raison des contraintes de temps et des responsabilités familiales. Pour éviter d'accroître leur vulnérabilité, il faut alors des mesures parfaitement adaptées et ciblées qui prennent en compte les structures de capacités existantes.

La déstructuration des capacités est parfois réversible après quelque temps : ainsi, une perte d'emploi, la diminution du revenu, une maladie temporaire, des tensions sociales, peuvent être surmontées par la substitution, dans certaines limites, d'une capacité par une autre. Par exemple, le passage du secteur formel au secteur informel, à la pluriactivité, compense, en termes de revenu, la perte d'un emploi. Mais elle peut aussi être irréversible ; la perte de la santé, l'incapacité à travailler, un génocide, ne sont pas des situations réversibles ou compensables. Dans ce cas, un minimum de précaution est nécessaire.

Dans ce contexte, un développement humainement durable veillera à renforcer les structures de capacités tout en préservant (« en moyenne » et à l'intérieur des « seuils ») les rapports entre certaines capacités. Le développement, par les changements structurels qu'il induit, entraîne, de manière inévitable, une modification des capacités : par exemple, des changements dans les relations sociales, une baisse dans les transferts sociaux, en parallèle à une amélioration du revenu individuel. Cependant, une approche « stabilisée » imposerait de tenir compte de la fragilité de la structure de capacités, d'éviter les chocs excessifs, à court terme, sur les capacités personnelles. Ce qui nécessite une bonne connaissance des capacités personnelles et sociales, mais aussi des techniques adaptées.

2.2. Outils de représentation et prédiction

La personne dispose « librement » d'une structure de capacités (biens, temps, altruisme) face aux contraintes de la survie. La forme la plus simple de cette capacité est en économie, une encaisse réelle[27], et devient plus complexe[28] avec un patrimoine, une structure d'actifs risqués. Il en résulte une fonction de demande de capacités ou de « développement ». Cette structure est vulnérable, compte tenu des limites de ces capacités, considérées relativement les unes aux autres. Il existe (cf. supra) des limites dans le travail salarié, les transferts, les activités informelles par exemple, soit individuelles, soit sociales. Par exemple, la solidarité a ses limites au-delà desquelles elle peut engendrer des conflits sociaux et une autodestruction de ce type de ressource. Par conséquent la substitution des capacités a des limites évidentes : le travail salarié peut être remplacé par de l'aide privée, le revenu individuel par du revenu social dans certaines limites. Ceci peut être représenté par des frontières de substitution au sein d'une carte de capacités selon le schéma suivant (Figure 11).

---

[27] L'expression la plus simple est le rapport de la monnaie détenue rapportée au revenu corrigé par les prix, soit encore le coefficient de monétarisation, soit $M/pY= k$. La structure des capacités peut être appréciée en tant que stock composite ou en tant que demande d'addition à ce stock ou « demande de capacité ». Cette demande est fonction de l'utilité des différentes formes de capacité : humaine, économique, sociale, financière, que l'on peut assimiler à la demande de développement. Dans une conception extensive de la capacité, on peut inventer du capital social, culturel, religieux, symbolique, des investissements et des revenus correspondants.

[28] La variation à court terme des capacités est très différente selon leur nature, elle est très faible pour l'éducation, elle peut être très forte pour la santé.

Figure 11. Structure des capacités personnelles

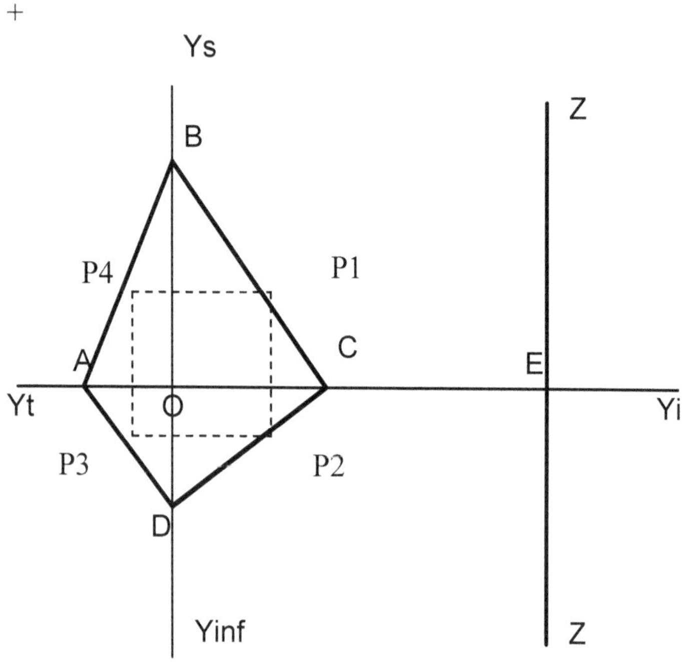

L'axe des abscisses représente le revenu formel obtenu par l'activité sur la partie droite, et les transferts publics obtenus par la redistribution sur la partie gauche. Les revenus informels tirés des activités liées au capital social sont représentés sur l'axe des ordonnées, avec sur la partie haute les transferts privés *inter vivos* et sur la partie basse les revenus obtenus par une activité informelle.

Sur ce graphique, les droites partant d'un axe vers un autre axe représentent la frontière des capacités potentielles. Quatre types de frontière sont représentés.

La partie haute du graphique indique les effets de substitution directe entre capacités. Ainsi, sur les quadrants nord-est et nord-ouest, il est possible d'obtenir plus de revenu formel contre un peu moins de transferts, et plus de transferts privés contre un peu moins de transferts étatiques. Les transferts étatiques viennent compléter le revenu formel. L'augmentation du revenu formel réduit les transferts en provenance des autres. De même, une société où les transferts étatiques sont importants, peut réduire les transferts privés.

La partie basse du graphique indique les effets de substitution indirecte liés à l'allocation de temps. Sur le quadrant sud-est, l'individu choisit dans la répartition de son temps entre activité formelle et activité informelle. Sur le quadrant sud-ouest, un effet de substitution dans l'allocation de temps existe également. Pour une aide étatique possible, on peut obtenir une combinaison plus ou moins forte de transferts étatiques et de revenu informel. Dans la mesure où les transferts publics sont généralement conditionnés, c'est-à-dire qu'ils impliquent des activités et des démarches associées au versement de ces transferts, le temps disponible pour l'activité informelle se réduit. Une augmentation des transferts étatiques se traduit alors par un plus faible revenu informel, pour un ensemble donné de combinaisons. L'individu choisit donc son allocation de temps et la répartition de ses revenus, représenté ici par un point sur la frontière, soit les points P1, P2, P3, P4. Ces points représentent la situation d'un individu à un moment donné du temps (on pourrait ajouter pour chaque frontière une fonction d'utilité individuelle, tangente en un point de la frontière).

Nous appuierons notre analyse sur deux hypothèses.

- Premièrement, à chaque personne correspond une structure d'actifs, dont le capital social est un élément. La structure de cet ensemble d'actifs est stable, c'est-à-dire qu'elle n'évolue pas dans le court terme. Cela revient donc à poser une hypothèse de constance de la structure des relations sociales.

- Deuxièmement, nous supposons que l'altruisme est volatil ; autrement dit, sous l'effet d'un choc, les personnes peuvent aller de la bienveillance à la malveillance en passant par la neutralité (égoïsme). Etant donné la place centrale du capital social dans le cadre que nous posons, cela revient à dire que la situation initiale est caractérisée par un ensemble de relations sociales stables, mais fragiles, puisque dépendantes de l'altruisme de chacun. Dit autrement, chaque individu a un ensemble de relations sociales que l'on peut synthétiser dans un spectre de l'altruisme (Ballet, J., Mahieu, F.R., 2001). Ce spectre de l'altruisme a, du fait de la constance de la structure des relations sociales, une forme structurelle. Cependant, en raison de la fragilité de l'altruisme, un choc sur le capital social, ou plus généralement sur la structure d'actifs, peut entraîner une déformation conjoncturelle de ce spectre, par exemple amplifiant sa partie malveillante. Dans ces conditions, toute politique qui aura pour effet de modifier la composition du capital social ou qui produira une modification de la structure des actifs risque d'entraîner une déformation du spectre de l'altruisme et ainsi de provoquer une perte de capacités de survie des individus concernés.

Conclusion

La vulnérabilité est une notion typique de l'anthropologie ; elle concerne des personnes dont la fragilité est largement liée à des variables économiques. Les personnes, du fait de leurs responsabilités, connaissent une vulnérabilité accrue. La vulnérabilité résulte de disproportions dans les responsabilités intra et intergénérationnelles.

La vulnérabilité humaine et sociale désigne les difficultés dans lesquelles se trouvent les personnes concernées, par exemple les discontinuités dans la consommation et le travail. L'altruisme peut ainsi aggraver la vulnérabilité et s'avérer négatif. L'altruisme, le capital social peuvent prendre des valeurs négatives au long d'un spectre plurivalent.

Chapitre 5. La souffrance de la personne

« En effet, c'est dans l'angoisse et l'insécurité que l'homme moderne évolue dans le monde du travail, avec salaires stagnants et incertains, qualifications mal reconnues ou insuffisamment utilisées, dans des emplois choisis par l'urgence ou la nécessité, avec menace continue de la concurrence et du chômage, voilà les conditions pour affaiblir l'identité professionnelle de l'homme, avec souffrance, secrète et très profonde. », Behar, 1997.

L'économie produit, au-delà des marchandises, de l'utilité (positive ou négative) et de la souffrance humaine[29]. En particulier le travail, « *dans l'effort, dans sa peine et sa douleur* » (Lévinas, 1989) édifie la « *tragédie de la solitude* ». Cette souffrance apparaît à travers les dégradations physiques et mentales, dues par exemple, aux conditions de travail ou au chômage forcé, aux problèmes du cadre de vie (plomb, amiante, mal-logement), aux erreurs nutritionnelles, à la perte de solidarité, à l'absence de reconnaissance, à la discrimination ou encore à la peur[30]. De ce point de vue, la multiplication des suicides dans certaines entreprises traduit une souffrance maximale. Dans la recherche du bien-être standard, la souffrance est fatalement marginalisée, au nom de la croyance que le bien-être diminue la souffrance. Dans de

---

[29] Il est question ici de la souffrance (douleur physique et morale) produite par l'économie, et non de la souffrance en général.

[30] Selon Ch. Dejours (1993) : « *Tenir la résignation pour une résolution heureuse du complexe de castration et pour une reconnaissance du réel, comme le pensent certains analystes, revient, en fait, à valider le clivage entre le moi et l'idéal du moi* ».

nombreuses enquêtes consacrées au niveau de vie des ménages pauvres, les propos sur la souffrance sont classés hors sujet. Dans nos sociétés, la souffrance est souvent négligée, notamment dans sa relation avec la mort[31] ; par exemple il existe une médecine du travail, mais aucune médecine du chômage permettant d'étudier ses conséquences dévastatrices. La souffrance provient aussi de la névrose de l'appropriation, névrose dénoncée par les religions et les grandes morales, par exemple le bouddhisme[32]. Les névroses de la société s'expriment par de la frustration, de l'envie, de l'agressivité (Nicolaï, 1960) ; elles ont des conséquences dramatiques sur les personnes dans un système compétitif, avec son lot de harcèlements et de souffrances.

L'économie peut-elle compenser la souffrance ? A l'inverse, une « résilience » (Cyrulnik, 2002) est-elle concevable ? Cette résilience prend une signification selon la période envisagée ; une résilience éternelle conduit une partie de la population à accepter n'importe quelle souffrance dans ce « bas monde ». Nous allons voir successivement la relation entre la souffrance et le bien-être, la diminution de la souffrance humaine, obligation parfaite, puis sa pertinence avec la psychanalyse telle que l'on y retrouve des concepts et des modèles économiques.

---

31 « *Je me demande même comment le trait principal de notre relation avec la mort [la souffrance] a pu échapper à l'attention des philosophes* », Lévinas, 1989.

32 Le désir d'appropriation, la colère et l'ignorance, sont « les trois poisons » de l'esprit selon le Bouddha et représentent les principales causes de la souffrance.

1. Souffrance et bien-être

Depuis l'échec du sommet de Copenhague (2010), le principe de priorité de la souffrance humaine par rapport au bien-être économique, social et environnemental, est rediscuté dans le cadre du développement durable. Ces deux notions (souffrance et bien-être) ne sauraient être confondues et mises sur le même pied. La souffrance humaine est insoutenable et ne saurait être compensée par un peu plus de bien-être ; elle est prioritaire.

Comment penser cette priorité ? Si l'on renonce à un principe lexicographique, il faut s'interroger sur les possibilités d'associer les actions possibles sur la souffrance et le bien-être.

Peut-on substituer du bien-être à la souffrance ? Le principe de non-négociabilité de la vie humaine n'admet aucune exception, si la souffrance est reconnue comme propre à la personne. L'optimum est alors défini par rapport à la souffrance. De ce fait la soutenabilité humaine du développement est très limitée et connaît de multiples atteintes, par exemple en régulant l'économie par le chômage.

1.1. Souffrance et/ou utilité négative

La réflexion économique « classique » privilégie le bien-être dans la mesure où elle est hédoniste et ne peut accepter ni la frustration ni le mal-être. Néanmoins, l'économie produit, par ses choix, de la souffrance dans son activité courante et ses décisions (chômage, inflation, famine, etc.). La souffrance est ressentie personnellement même si ses causes peuvent être globales (l'exploitation) ; le bien-être est plus facilement collectif. Lévinas (1989) nous rappelle que dans le travail, dans sa peine et dans sa douleur, la personne perçoit sa solitude. Il y a impossibilité de se détacher de la souffrance, « *elle est l'irrémissibilité de l'être* ». Une des tâches du psychosociologue consiste à remonter la souffrance du fond de chacun pour l'exprimer et en faire un bien-être collectif. On résiste du mieux possible à la souffrance, on accepte passivement le bien-être.

La souffrance n'est pas présente en économie sauf dans la problématique de l'utilité négative due à Karl Popper (1945). L'utilité négative désigne maladroitement la souffrance humaine. Cette théorie de l'utilité négative, plus conceptuelle, brocardée par les libéraux eux-mêmes, est réapparue en force après l'échec du sommet de Copenhague sur l'environnement. La préservation de la nature ne peut se concevoir sans diminution de la souffrance humaine. Habiller la souffrance humaine par l'utilité ? La souffrance ne signifie pas immédiatement pour la personne une désutilité, mais une atteinte à sa vie. L'utilité négative ne recoupe pas la souffrance, mais simplement l'idée qu'un choix nous est désagréable. L'utilité négative ne recoupe pas le Mal, en tant que malveillance. On peut souffrir sans malveillance ; celle-ci est plus liée à la forme de l'altruisme, au fait de prendre du plaisir dans la perte d'utilité de l'Autre. La souffrance humaine n'est pas le contraire du Bien, mais une autre dimension de la vie.

1.2. La priorité à la diminution de la souffrance

L'opposition entre souffrance et bien-être est ancienne. Il faudrait, selon le principe des grandeurs négatives de Kant, que la souffrance soit opposée au bien-être et que l'augmentation de la souffrance se traduise par une diminution du bien-être.

Cette opposition est nette entre le contentement (Kant, 1798) et la douleur « *qui sont non seulement contradictoires, mais aussi contraires* ». Avant tout contentement s'affirme toujours la douleur ; la douleur s'intercale entre les contentements, quitte à ce qu'elle n'exprime que de petites inhibitions. La pensée radicale du XIXe siècle, notamment anarchiste, oppose la souffrance du prolétaire au bien-être du bourgeois.

Ainsi selon Louise Michel (1983), « *Les philosophes sont des bourgeois. Ils ne considèrent avant tout que le bien-être*», ils devraient « *aviser des meilleurs moyens de protéger ceux qui souffrent* ». Mais ils sont des « *épicuriens qui prêchent la grande fraternité* ». Il en est de même des économistes qui prêchent la justice et ne sont que de « *farouches égoïstes* », de « *froids contempteurs de l'humanité* ». Ceux qui souffrent sont tous ceux qui sont condamnés à enrichir les exploiteurs, repus, ventrus et «*gros richards qui éclatent d'indigestion*». Ils pratiqueront la grève générale et grâce aux crosses en l'air de la « *force qui réfléchit* », tous auront du pain. La justice sociale concerne d'abord ceux qui souffrent.

Quand la richesse augmente, la souffrance diminue et le nombre de préjudices que peut supporter sans souffrir le « créancier » « *donne la mesure de sa richesse* » remarque Nietzsche, dans sa *Généalogie de la Morale.* Ainsi, selon lui, sont impunis ceux qui ont commis le plus de torts à la société.

La priorité accordée au bien-être est fortement contestée par l'approche en termes de souffrance. Dans une perspective philosophique, diminuer la souffrance humaine est une obligation parfaite, au contraire de l'augmentation du bien-être qui est une obligation imparfaite. D'un point de vue écologique, la soutenabilité sociale forte est prioritaire par rapport à une soutenabilité forte du point de vue de l'environnement. Il existe donc, dans une perspective sociale, une priorité de la diminution de la souffrance humaine par rapport à l'augmentation du bien-être. Le bien-être crée de la souffrance, par exemple l'allongement de la durée de vie, sans attention à l'état de santé. Quel type de priorité ? Si la souffrance est première et non négociable, il existe une priorité lexicographique telle que la diminution de la souffrance doit être totalement réalisée avant de procéder au bien-être. Un aménagement de cette exigence peut être envisagé en appliquant ce type de priorité sous la forme d'un leximin, en commençant par les plus vulnérables. Cette priorité est-elle trop forte ?

L'économiste envisagera les combinaisons possibles, entre minimisation/maximisation du bien-être et augmentation/ diminution de la souffrance humaine (Figure 12).

Figure 12. Combinaisons entre bien-être et souffrance[33]

		Souffrance	
		↘	↗
Bien-être	↘	1	2
	↗	4	3

[33] Je dois la version finale de ce tableau à Jérôme Ballet.

La souffrance peut augmenter simultanément à la diminution ou à l'augmentation du bien-être (cas 2 et 3) ; inversement, elle peut diminuer simultanément à la diminution ou à l'augmentation du bien-être (cas 1 et 4).

- Le cas 2 (augmentation de la souffrance et diminution du bien-être) correspond bien aux situations de crise économique : le chômage, l'augmentation de la précarité, etc. se traduisent à la fois par une détérioration des conditions de vie (par exemple, mal logement) et une dégradation physique (difficultés d'accès aux soins) et morale (incertitude, perte de confiance en soi).

- Le cas 3 (augmentation de la souffrance et augmentation du bien-être) traduit la situation des économies industrialisées où, en raison de l'illusion hédoniste, l'accès à une consommation de masse de biens matériels est facilité (tous les mécanismes de crédit à la consommation, de discount, etc.), alors que dans le même temps la souffrance augmente (pression au travail, précarisation des conditions d'emploi, surendettement – en France, chaque jour, 3 personnes se suicident pour cause de surendettement, etc.). La focalisation excessive sur le bien-être est associée à une augmentation de la consommation de biens, alors que dans le même temps, l'exploitation dans la sphère de la production augmente la souffrance.

- Le cas 4 (diminution de la souffrance et augmentation du bien-être) traduit la situation « idéale » de la théorie économique ; nul besoin de se préoccuper de la souffrance puisque sa diminution est automatiquement acquise avec le développement économique.

- Le cas 1 (diminution de la souffrance et diminution du bien-être) traduit les préoccupations actuelles, par exemple développées par les tenants de la « décroissance ».

Si les individus rationnels étaient sous un « voile d'ignorance » (Rawls, 1971), ils choisiraient de minimiser leur souffrance (cas 1 et 4), selon l'ordre de priorité suivant : 4>1>3>2.

L'illusion hédoniste conduit à une conception du choix erronée puisqu'elle se limite à l'opposition entre deux alternatives, soit : 4 = 3 > 1 = 2. Cette assimilation permet d'opter pour le cas 3 alors que le cas 1 lui est supérieur d'un point de vue social (sans considérer le cas 4 qui est lui-même supérieur au cas 1, mais assimilé à 3). La prise en compte de la souffrance modifierait radicalement le jugement normatif que l'on porte sur les sociétés et sur les politiques économiques et sociales. Les décisions se heurtent à de nombreux principes : non-négociabilité, universalité, souveraineté, etc. Notamment dès qu'il s'agit de choisir entre souffrance humaine et préservation de la nature. Mais on peut imaginer des compensations, entre la souffrance et le bien-être, à l'image du sacrifice d'un enfant pour dix millions de personnes. Les religions sacrificielles ouvrent la voie à l'idée de compensation, tel le sacrifice d'un fils de Dieu venu pour racheter les hommes. Mais en dehors de raisons divines, le sacrifice d'une personne pour obtenir le salut des autres est d'une immoralité exemplaire.

On ne peut, par exemple, sacrifier des vies humaines pour des améliorations de l'environnement. La soutenabilité humaine des choix économiques s'arrête à la souffrance d'une seule personne au nom du principe d'universalité. Néanmoins, il existe un marchandage implicite dans la régulation économique et de l'environnement. Le principe « laissez souffrir et mourir » dans la relation entre riches et pauvres reste communément accepté.

La souffrance humaine est personnelle, elle fait appel à la personne souveraine, capable de réfléchir sur elle-même. Elle est une « impulsion subjective » (Adorno, 1978). L'analyse moderne de la souffrance humaine, telle la psychanalyse, joue un rôle important que l'économiste ne peut négliger. Elle exprime, selon Adorno, le fait de ne pas supporter une « perte de capacités », elle se traduit par une volonté première de se libérer. La souffrance est alors rejetée par les analystes du travail comme un syndrome individuel, sinon une pleurnicherie, la mode étant au social. La souffrance est une variable personnelle, longtemps marginalisée dans la mesure où elle n'apparaît pas socialement, mais personnellement. On voit ainsi la différence entre la soutenabilité sociale et la soutenabilité humaine.

La souffrance, liée à cette réflexion, est donc physique et morale. Elle est un facteur important de la vulnérabilité et de la capacité de résilience. La souffrance favorise une « incapacité », qui sort de la problématique de la capabilité. La souffrance a des conséquences négatives sur la liberté de choix et celle-ci est très relativisée. Pour une personne qui souffre, la liberté de choix (alias la capabilité de Sen) est secondaire ; elle est contrainte par la souffrance et espère que cet objectif premier - diminuer sa peine -, soit atteint. La liberté de choix devient perverse sous la forme du choix des moyens pour disparaître. Un peu comme le bourreau qui vous donne la liberté de choisir votre moyen d'exécution. « *Le mal, c'est cette incapacité à sentir que l'on peut faire souffrir* » (Abel,

1997). L'économie est source du mal quand elle oublie le sacrifice.

La planification est fondée sur le mythe du bonheur séquentiel ; or elle est fondée sur la rigueur et les sacrifices. L'arbitrage entre les souffrances des partenaires de l'économie est un problème majeur : comment diminuer les souffrances des uns sans augmenter celles des autres. Une solution de maximin peut être avancée : maximiser la baisse de souffrance des uns en minimisant l'augmentation conséquente pour les autres. A la limite le leximin de Rawls permettrait que le plus petit sacrifice des plus nantis permette le plus grand avantage des plus démunis. On constate ainsi qu'il existe une « illusion hédoniste » dans la téléologie économique, en promettant le bonheur *in fine* après la souffrance. Cette illusion est bien plus conséquente que les illusions monétaires et fiscales de l'économie courante.

2. Une éthique de la souffrance

Dans la *Théorie des sentiments moraux*, Adam Smith (1759) montre l'importance du regard jeté sur la souffrance : la commisération pouvant donner lieu rapidement au dégoût[34] devant une forte souffrance, jusqu'à l'absence de réaction quand la souffrance se produit dans un lieu éloigné. Toutefois, selon Lévinas, je suis interpellé par le visage de tout être qui souffre et je me sens coupable. La souffrance de l'autre se traduit par un commandement à se préoccuper de lui, mais l'analyste se heurte très vite à un problème d'ingérence face à une

---

[34] Rousseau évoquait dès 1755 : « *La répugnance innée à voir souffrir son semblable* » ; pareil sentiment étant développé dans la *Théorie des sentiments moraux* d'Adam Smith.

personne souffrante et à des données non rationalisables : amour, estime, dignité. La non-reconnaissance en tant que personnes autonomes, quitte à être méprisés comme individus, est la première souffrance déclarée des pauvres. S'ils sont des personnes souffrantes, ils peuvent juger de la qualité de la vie et de leur dignité jusqu'à décider d'abréger leurs souffrances. L'éthique médicale a opéré cette transformation du patient en personne, l'économie en reste à un individu dépersonnalisé, en particulier s'il est pauvre. Il n'est qu'un individu irresponsable et donc incapable de souffrir : un simple détenteur de bien-être ou, selon la mode actuelle, de capabilité.

Une éthique de la souffrance commence par la considération du sujet « *comme fin en soi et non pas seulement comme moyen dont telle ou telle volonté puisse user à son gré* ». La souffrance humaine connaît un regain d'intérêt en France, du point de vue des sciences humaines avec deux auteurs majeurs : Christophe Dejours et Boris Cyrulnik. Dejours (2009) analyse la souffrance au travail dans le cadre d'une servitude volontaire ; il fonde la psychodynamique, par exemple les processus de médiation de la souffrance face à l'injustice, assortie d'une « normopathie », une pathologie de la soumission et de la collaboration.

Plusieurs facteurs renforcent cette souffrance au travail : de façon générale, résignation devant les justifications « économicistes », tolérance à l'injustice. Mais aussi, crainte de l'incompétence, contraintes à mal travailler, absence de reconnaissance, peur et soumission. Il existe une rationalisation du mal : ainsi le discours économique du travail fondé sur la flexibilité du marché de l'emploi, le *job search,* connaît son heure de gloire en trustant les prix Nobel d'économie en 2010.

Cyrulnik (2002), face au fatalisme, montre comment la souffrance consécutive à la maltraitance, peut être surmontée et fonde le concept de résilience en sciences sociales. Par exemple, une vulnérabilité affective peut devenir une force affectueuse, à condition d'y mettre le prix. Certes, l'auteur insiste sur le cas des enfants résilients, mais la résilience peut être transposée aux travailleurs vulnérables.

2.1. Un impératif éthique : ne pas augmenter la souffrance

La souffrance d'une ou plusieurs personnes ne peut être augmentée, délibérément, et ne peut être justifiée ! Si la souffrance est première, il existe un optimum de souffrance tel qu'une décision ne serait pas acceptable si la souffrance d'une seule personne venait à augmenter. La tradition de l'optimum remonte au « point G » de Pareto, exprimant le maximum de plaisir et n'est pas justifiable face à la souffrance. Au moins pallier une augmentation de la souffrance ! La souffrance n'est pas fatale, mais un seuil peut être dépassé, celui où l'on passe d'une soutenabilité faible à une soutenabilité forte (irréversibilité, témoignage ultime). Il est possible de rebondir et de sortir du cercle de la souffrance, une résilience ; ainsi les personnes qui ont souffert dans leur enfance ne sont pas prédestinées à devenir méchantes à leur tour ! La souffrance concerne toutes les espèces et met en cause le spécisme.

2.2. Une heuristique de la souffrance : un équilibre dans le long terme

Par rapport à la justice immédiate (un optimum de souffrance), la souffrance fait partie d'un équilibre de long terme. La souffrance de notre condition présente sera compensée dans le long terme par les délices d'un monde paradisiaque. Une justice basée sur l'absence de souffrance est un mythe paradisiaque ; la souffrance est aussi assimilée à une punition infernale. En enfer, selon les commentaires, la souffrance est continue, incessante, et ne connaît pas de répit. La même idée est présente dans la religion catholique, sinon dans le bouddhisme. Cette inscription de la souffrance dans le long terme est pourtant bien terrestre. La souffrance pose des problèmes de temps, des maux passagers n'auront pas plus de sens que du bien-être passager (par exemple procuré par des drogues) ; sinon de rendre encore plus douloureuses les souffrances dans les périodes de manque.

On peut distinguer plusieurs équilibres et donc plusieurs justices dans le long terme.

- La justice intragénérationnelle : elle propose plus de souffrance pour une génération, pour plus de bonheur pour une autre. Ainsi la génération du *baby boom* en France fait payer son confort de vie par les souffrances de ses enfants.

- La justice intergénérationnelle : elle préconise moins de bien-être et plus de souffrance pour améliorer le bien-être des générations futures que nous ne connaîtrons pas.

- La justice éternelle : la souffrance endurée dans notre vie sera compensée par le bonheur éternel, à condition de croire en Dieu et réciproquement ; malheur aux riches ! Cette croyance est une des clefs de la stabilité sociale. La souffrance du monde actuel est d'autant plus acceptable, même augmentée, qu'elle sera compensée dans un monde possible de délices, à la condition d'y croire. Cette croyance apparaît sous de multiples éthiques, au sens d'adaptations des religions ou des morales à des fins personnelles[35]. Ainsi le puritanisme est une adaptation de

[35] Esprit du capitalisme et éthiques religieuses sont intimement reliés. La thèse de Max Weber nous rappelle que dans le contexte de la

la Réforme aux besoins des *tradesmen* anglais. A la limite il la dénature en introduisant la prédestination, comme récompense au ciel des efforts fournis sur terre. Dans ce cas très général, la résilience étant *post-mortem*, il est permis de porter atteinte au principe de souffrance universelle. Ce n'est pas une des moindres interventions de la religion dans le comportement économique.

La prise en compte de la souffrance humaine remet en cause les priorités de l'économie ; la téléologie du Bien est un devoir imparfait, par contre diminuer la souffrance est un devoir parfait. On voit ainsi reposé le problème du sacrifice nécessaire à la réalisation de la régulation macroéconomique. La question du sacrifice se pose plus que jamais avec les débats sur le changement climatique. Faut-il faire souffrir deux milliards de pauvres et deux cents millions de chômeurs pour diminuer la peur afférente au changement climatique ? La régulation du désordre écologique se fera-t-elle par la souffrance humaine ? Faut-il liquider des milliers de chômeurs pour satisfaire les marchés et apurer ainsi les erreurs des financiers ? Une fois de plus, l'homme serait le moyen d'une fin écologique ou financière.

Rétablir dans la réflexion économique la souffrance humaine pose immédiatement des problèmes de principe :

- en premier lieu, le principe de priorité de la souffrance par rapport au bien-être. Un calcul économique standard sur des opportunités associant bien-être et souffrance

---

révolution idéologique du XVIIe siècle, l'esprit du capitalisme adapte la religion protestante à ses fins pratiques, sous la forme du puritanisme. Cet ethos est composé d'individualisme, d'utilitarisme, d'hédonisme, de libéralisme et des valeurs de la révolution anglaise du XVIIe. Le capitalisme trouve sa rationalité dans l'éthique puritaine à l'occasion de cette révolution.

inclut des choix répugnants. Il n'est pas soutenable humainement. Le projet de l'économie du développement, qu'il soit fondé sur le bien-être ou la liberté d'obtenir un mode de vie désiré (alias la « capabilité »), est remis en cause.

- en second lieu, l'impossibilité morale de négocier sur la vie de la moindre personne ; de ce point de vue, l'interdiction du sacrifice humain est un principe universel, mais qui n'est pas respecté dans l'économie courante, enfermée dans un dogme hédoniste. Il n'est pas facile de concilier l'universalité de la souffrance humaine, dont la diminution est une priorité, avec le respect de la souveraineté de la personne, notamment dans le cas de l'euthanasie. Ceci pose le problème de la limite entre l'utilité négative et la souffrance ; un optimum basé sur ce principe de non-compensation est très exigeant et rejoint les cas limites de l'absence d'envie ou de Pareto-unanimité.

Pratiquement, le bien-être devrait être secondaire par rapport à la souffrance, le problème le plus important étant de simuler les effets des décisions économiques sur la souffrance. Un classement pourrait être effectué selon les précautions prises dans ce domaine par chaque pays dans ses différentes institutions. L'idéal-type du développement serait le plus bas niveau de souffrance et non plus le revenu ou le bien-être. Différents principes peuvent être avancés[36]. Un critère extrême d'interdiction de créer de la souffrance, analogue à l'absence d'envie, peut dans un premier temps, être retenu ; puis un principe plus affaibli admettant la compensation peut être établi. Soit un principe fort de non-souffrance, qui ne peut admettre toute

[36] Différents des principes édictés par Derek Parfit (1984) : *Limited Suffering Principle*, *Total Suffering Principle*.

décision pouvant augmenter la souffrance d'une personne ; ce principe peut être étendu à l'environnement naturel dans le cadre d'une écologie dure tel le jaïnisme. Soit un principe faible de non-souffrance, qui condamne toute action qui augmenterait la somme des souffrances, même au-delà d'une certaine limite. Il est évident que des souffrances extrêmes peuvent se produire au sein de cette somme. Ce principe justifie par exemple l'application d'un multiplicateur d'emploi (voir supra). Peter Singer (1997) énonce un principe d'égale considération des intérêts et un principe d'égalité des conditions qui réclame la même précaution pour les différentes espèces. Enfin, un principe de non-opportunisme est nécessaire pour ne pas considérer qu'un « merveilleux malheur » soit réputé indispensable à la résilience. Ainsi nombre de personnes estiment qu'une souffrance préalable est la condition d'une réussite, telles les pratiques de *numerus clausus* que certains imposent à l'entrée de leur activité.

3. Intérêt de la psychanalyse pour l'économie

L'anthropologie économique traite de la personne avec ses composantes physiques et mentales. Elle fait appel à la psychologie et à la psychanalyse. Elle intègre les concepts « analytiques » ou « cliniques » de l'univers freudien (rapport au père, à la mère, et de façon plus générale traumatisme subjectif lié à l'inconscient communautaire). La relation de développement peut être facilement posée comme une relation de « fils à père » ou une relation fusionnelle à la mère à la façon de Geza Roheim (1978).

Ainsi, on comprendra mieux la paresse naturelle, ou l'excès de productivisme, l'exploitation ou l'épargne, etc. Paraphrasant Wittgenstein, le locuteur risque de faire intervenir sa «psychologie privée », sa propre « clinique », dans sa compréhension du phénomène social qu'il analyse. L'apport de Freud à l'anthropologie et donc à l'économie reste à préciser. Si la personne est construite avec un Surmoi, il existe « un combat de l'individu contre la société » où les idéaux et les exigences éthiques dépassent les capacités de la personne. Ce Surmoi collectif que Freud évoque dans *Le malaise dans la culture* implique, dans le comportement humain et singulièrement dans les actes économiques, de la tension de la culpabilité, de l'angoisse, de l'agressivité, et plus généralement des perturbations.

L'anthropologie économique intègre les emprunts de Freud à la théorie économique. Réciproquement les économistes (Kolm en particulier) s'interrogent sur la schizophrénie des agents économiques, et leurs perturbations dans l'arbitrage entre égoïsme et altruisme.

Nous avons déjà souligné (cf. supra, Figure 9) le comportement par rapport au temps, qui est fonction à la fois des perturbations égoïstes et des perturbations communautaires.

Un décalage similaire existe pour les variables dès qu'elles sont personnelles et non individuelles. En effet, elles sont interprétées en termes de responsabilité et de pression communautaire. Le salaire devient le levier de la redistribution et de la protection communautaire. Une diminution de salaire, interprétée par rapport aux perturbations communautaires conséquentes, entraînera une diminution plus que proportionnelle du travail officiel fourni ; à l'inverse une augmentation de salaire peut être refusée si elle provoque une augmentation plus que proportionnelle de la pression communautaire. On peut parler ainsi de résilience communautaire, sinon de communauté résiliente.

La psychanalyse est condamnée au nom de la morale des économistes à savoir l'hédonisme. Si les économistes ont intégré les progrès de la théorie de la justice, ils font comme si rien ne s'était passé en psychiatrie. Peuvent-ils en rester aux *Mathematical Psychics* d'Edgeworth et à ses propos peu délicats sur le plaisir, selon lui, plus important chez les hommes que chez les femmes ? Le plaisir et le désir peuvent-ils être traités par l'analyse économique ? En fait, une grande partie de la théorie économique traite du plaisir. Plusieurs auteurs, par exemple Brentano (1874) établissent une relation mathématique entre les stimuli d'ordre physique et les sensations, une sorte de « psychophysique ». L'excitation augmentant de façon géométrique, la sensation croît de façon arithmétique. Il existe ainsi une évaluation subjective de la valeur qui ne serait plus objective. On retrouve ici un des fondements de la théorie de l'action. En même temps cette théorie de l'atténuation du plaisir fait sourire, au même titre que la « colline du plaisir » de Pareto.

Wilfredo Pareto serait, selon Nicolaï (1974), un des rares socioéconomistes à intégrer des éléments du freudisme[37], mais pose le problème de l'optimalité dans des termes obscurs : « *On a, au-dessus de celui-ci, une sorte de colline sur laquelle se meut un point, qui représente l'état de la personne considérée. Plus le point s'élève, et plus la personne a de bien-être. Le sommet de la colline est en G* ».

Keynes, qui se dit « pré-freudien »[38], célèbre chez Freud « *l'imagination scientifique qui peut donner corps à*

---

[37] Cet apport est limité par le fait que Pareto décède en 1923, certaines œuvres majeures de Freud étant publiées après cette date, notamment le *Malaise dans la culture* en 1930, objet des foudres de Hayek.
[38] Cette relation est particulièrement bien traitée par Dostaler et Maris (2010).

une abondance d'idées novatrices, à des ouvertures fracassantes, à des hypothèses de travail qui sont suffisamment établies dans l'intuition et dans l'expérience commune pour mériter l'examen le plus patient et le plus impartial, et qui contiennent, selon toutes probabilités, à la fois des théories qui devront être abandonnées ou remaniées jusqu'à ne plus exister, mais aussi des théories d'une signification immense et permanente » (Bormans, 2002). Les théories de Freud sont à « *considérer sérieusement* », « *l'attraction qu'elles exerceront sur nos propres intuitions, dans la mesure où elles contiennent quelque chose de nouveau et de vrai sur la manière dont fonctionne la psychologie humaine* » (ibid.). Freud est « *l'un des génies les plus dérangeants et les plus novateurs de notre temps, c'est-à-dire une sorte de diable.* » (ibid.)

Keynes donne une interprétation très critique de l'amour de l'argent, en d'autres termes, la motivation pécuniaire est « *l'une de ces inclinations à demi criminelles et à demi pathologiques dont on confie le soin en frissonnant aux spécialistes des maladies mentales.* » « *L'amour de l'argent comme objet de possession, qu'il faut distinguer de l'amour de l'argent comme moyen de se procurer les plaisirs et les réalités de la vie, sera reconnu pour ce qu'il est : un état morbide plutôt répugnant.* » (Keynes, 1936)

Mais Keynes bâcle le sujet, en allant rechercher chez Descartes l'évocation des « esprits animaux ». Ceux-ci caractérisent les comportements irrationnels, sans approfondir l'analyse des névroses issues du contexte économique.

4. Concepts et modèles économiques

La lecture de l'œuvre de Freud est effectuée sous l'angle économique par Ricoeur dans *Le conflit des interprétations* (2013). On y retrouve de nombreuses références, depuis un modèle économique de compensation jusqu'aux concepts d'investissement et de travail, et une problématique de l'équilibre.

4.1. Un principe de compensation

Paul Ricoeur (2013) interprète le « modèle économique du phénomène de la culture » de Freud comme « *l'interprétation économique qui domine toutes les considérations freudiennes sur la culture* ». La culture est faite de coercition et de renoncement. Ces sacrifices pulsionnels doivent être compensés. Quelle peut être la nature de cette compensation qui, en économie, a pour but de corriger les atteintes à l'optimum ou externalités ? La solution au conflit est très codifiée sous la forme du marchandage versus la taxation. Dans la théorie de Freud, la compensation est assurée par une hostilité primordiale de l'homme pour l'homme. Ici interviennent la pulsion de mort et le besoin de punir. La pulsion de mort ne se traduit pas par un passage à l'acte, mais par un sentiment de culpabilité.

Dans *Deuil et mélancolie*, Freud s'interroge sur les moyens économiques permettant de résoudre le deuil. Par exemple, la récompense pourrait être un de ces moyens. Comment diminuer les dépenses de refoulement ? Le travail de deuil fait intervenir une dévalorisation du Moi avec une pulsion de mort dévastatrice que tente de freiner le Surmoi. Le deuil fait intervenir une débauche d'énergie, de contre-investissement face à l'investissement dans la recherche de l'être perdu.

4.2. Un équilibre intrapersonnel

Selon Nicolaï (1960), l'économie et la psychanalyse ont en commun un principe de plaisir et un principe de réalité.

Le principe de plaisir se traduit en économie par la recherche d'un maximum de satisfaction, et en psychanalyse par le maximum de réalisation des pulsions.

Le principe de réalité s'exprime en économie par les contraintes budgétaires, et en psychanalyse par la volonté de refoulement.

Il existe un équilibre intrapersonnel, propre à chaque personne. Des satisfactions excessives en économie peuvent correspondre à un déficit d'ordre psychologique. Ce dernier cas sera facteur de souffrance ; notamment par le rêve, les lapsus, les phobies, la mélancolie, etc. Freud analyse ces déséquilibres et surtout leurs conséquences sur les personnes : schizophrénie, paranoïa, etc.

L'utilité est ainsi contrebalancée par la souffrance. Les plaisirs et les peines de Bentham n'ont été étudiés qu'au niveau des plaisirs ; cette incomplétude de l'analyse économique est résolue par la prise en compte de la souffrance.

Cette relation entre plaisir et souffrance ou encore entre peine et satisfaction peut être analysée par les outils traditionnels de l'économie (courbes d'indifférences, taux marginal de substitution, optimum, etc.).

Il existe donc deux types d'économicité, l'une au niveau du marché, l'autre au niveau de la personne, deux types qui n'ont jamais pu être associés.

4.3. Extensions

Le masochisme est traité comme un problème économique, il représente une exception à la règle générale de recherche du plaisir, comme plaisir éprouvé dans la souffrance ; d'où la résignation face à l'injustice. Selon Dejours (2009), la société est faite de « normopathes » résignés devant les pulsions agressives de l'autorité.

La pulsion agressive est un agent économique majeur pour Nicolaï (1960), un des rares économistes à étudier l'intégration du Moi dans la société. Cette intégration par l'agressivité permet de comprendre les revanches sociales inhérentes à l'ascension du pouvoir ; ou encore la volonté de tuer le père, à l'image des frères Karamazov.

Les perversions sexuelles dans la recherche du pouvoir ne sont pas innocentes et peuvent changer la situation politique d'un pays, sinon les choix économiques d'un continent. En définitive, le calcul microéconomique est contraint par le budget, le calcul intrapersonnel par la culture de frustration. Le besoin est contraint en fait par le budget, mais aussi par la saturation ; il existe une double contrainte dans laquelle la frustration communautaire (par exemple les totems et tabous) joue un rôle déterminant. La résilience consiste à lever la contrainte culturelle le plus possible afin de se centrer sur la contrainte budgétaire.

Admettons une représentation classique de la relation entre la consommation et le revenu, en spécifiant une consommation incompressible de la « personne » (responsable au niveau intra et intergénérationnel).

Dans une économie « flexible », la consommation est rigide par rapport au revenu en raison des transferts intra et intergénérationnels, jusqu'au seuil où le revenu assure la réalisation minimale des obligations. Cependant, la personne peut modifier sa contrainte de transferts en substituant du temps au revenu, soit par un report des obligations dans le temps, soit par une modification de l'allocation de temps dans la période. Dans ce cas, elle consommera plus. La personne est néanmoins sensible à plusieurs types de contraintes ; trois types de contraintes jouent : personnelle, communautaire, budgétaire.

Les contraintes jouent dans un sens donné : d'abord culturel (degré de frustration), puis communautaire (tabous, interdits, règles collectives), et enfin budgétaire (mon revenu est-il suffisant ?).

Le calcul freudien est plus complexe que le calcul utilitaire[39]. Il met en jeu trois acteurs, le Moi, le Çà et le Surmoi ; trois acteurs dont le rapport de force dépend des pulsions initiales (de deux types, Eros et Thanatos) qui ont trait au plaisir. La pulsion initiale peut provenir du traumatisme oedipien (chez le garçon : désir sexuel de la mère, peur de castration et désir de tuer le père/rival).

Le principal problème épistémologique résulte de la partie inconsciente de ce calcul et de la difficulté d'observation, avec tous les risques d'une projection de soi et de transfert.

La neutralité du calcul utilitaire est loin d'être garantie par un spectateur impartial ou une quelconque équiprobabilité (Harsanyi, 1995). Il en résulte que le principe de plaisir, « gardien de la vie » selon Freud, peut être contrarié et que des souffrances peuvent avertir de ces dysfonctionnements ; souffrances qui sont intégrées dans

[39] Maximiser l'utilité attendue d'une décision, faite d'opinions et de jugements sur les conséquences de la décision, est un concept central de la rationalité (Suppes, 1966), y compris économique. Cet usage de l'utilité, comme le concept en tant que valeur d'usage, est-il fonctionnel ou procède-t-il d'un utilitarisme benthamien ?

le calcul intrapersonnel et absentes du seul calcul du bien-être. Ces souffrances ne sont pas de simples déplaisirs et procèdent de graves névroses jusqu'au «témoignage ultime». On voit l'intérêt de cette pathologie dans la mise en oeuvre d'un principe de précaution face aux décisions économiques.

Culture et budget sont ainsi liés, en particulier dispositions psychologiques et disponibilités monétaires au niveau des contraintes ; contraintes qui pèsent sur le plaisir, le désir, les pulsions et les besoins. La capabilité, liberté de choix, dépend de la contrainte culturelle comme les autres éléments, notamment si elle est interprétée comme une pulsion sexuelle d'où la possibilité d'une *incapability*. Faut-il libérer cette capabilité, cette pulsion potentielle, comme le proposent Wilhelm Reich (1946) et le vitalisme ? Ou encore gérer l'énergie vitale comme un entrepreneur gère son capital ? La liberté se conçoit dans le développement culturel « *qui lui fait subir des restrictions, et la justice exige que ces restrictions ne soient épargnées à personne* » (Freud, 1930). La liberté s'apprécie dans le rapport de forces entre le pouvoir communautaire et le pouvoir individuel ; rapport qui fonde le développement culturel. La petite communauté (caste, couche de population, tribu) se conduit comme un individu violent et cette violence se propage à d'autres masses. La communauté est à la base du « malaise dans la culture ».

Conclusion

La souffrance personnelle dans la société est une dimension très peu admise en économie au nom de l'hédonisme qu'illustre par exemple la « colline du plaisir » de Pareto. Et pourtant le calcul économique est incomplet dans ce cadre et il est temps d'y intégrer d'autres éléments constitutifs de la personne (Moi, Çà, Surmoi) et de ses choix (désirs, frustrations, pulsions, traumatismes), sans oublier la peur des contraintes communautaires, mise en valeur par Freud.

La souffrance humaine est méconnue en théorie économique, elle concerne la personne et se situe en prolongement de sa vulnérabilité. Néanmoins, elle apparaît sous la forme d'utilité négative avec Karl Popper. Mais il s'agit surtout de la douleur qui désigne un point précis de la personne. La souffrance peut recouvrir une augmentation du bien-être, ce que montre le paradoxe d'Easterlin (1974). La diminution de la souffrance est une obligation parfaite, prioritaire par rapport au bien-être. Il existe plusieurs niveaux de souffrance selon qu'elle peut être compensée ou non. D'un point de vue éthique, il n'est pas permis d'augmenter la souffrance d'une personne. Ceci met en cause la souffrance préalable à une récompense, illustrée,par exemple, par les plans d'ajustement structurel, ou les licenciements, dont on affirme qu'ils sont nécessaires à la création d'emplois. Il est paradoxal que le chômage soit requis afin d'augmenter l'emploi.

Enfin cette souffrance concerne le mental dont les pathologies, tel le *burn out,* sont peu à peu reconnues et représentent la plus grande partie des maladies dans le travail, mais aussi dans vie familiale et plus généralement dans la société ; par exemple par une absence de reconnaissance. La psychanalyse utilise de nombreux outils de l'analyse économique ; ainsi Freud perçoit le principe plaisir comme un principe économique.

Conclusion

Depuis qu'elle est évoquée, l'anthropologie économique est un lieu d'affrontement entre anthropologues et économistes.

L'anthropologie et l'économie semblent inconciliables, au même titre que le positivisme et le formalisme. L'anthropologie économique est ainsi un oxymore, rassemblant tout et son contraire. Or ces deux approches se complètent : en particulier, l'économie a besoin de dépasser le stade de *l'homo oeconomicus* pour s'ouvrir vers la personne responsable.

Cette capacité à s'imputer une responsabilité, à s'autocontraindre, fonde ontologiquement la personne, comme une contrainte *a priori* qui diverge de la responsabilité conséquentielle, seule conception de son imputation. L'anthropologie économique montre la priorité du calcul communautaire, avec ses contraintes, par rapport au marché. Elle complète nombre de domaines délaissés par les économistes : la vulnérabilité, la souffrance, le ressenti, la violence, etc. Elle analyse le comportement humain en intégrant la psychanalyse.

A l'inverse, la théorie économique permet d'enrichir l'anthropologie par ses méthodes et ses modèles.

Néanmoins, l'anthropologie économique va au-delà d'un simple constat en devenant normative par la place « éminente » accordée à la personne *a priori* vulnérable et souffrante. En définitive, l'anthropologie économique recentre l'économie sur la personne et ses expériences de vie. Cette méthode comprend un fait social sans faire intervenir immédiatement la théorie abstraite et ses modèles. Ces représentations collectives modifient l'explication usuelle des principaux marchés, emploi, biens/services, finances. Le fait de se centrer sur l'homme, en le resituant en tant que personne totale, implique de lever le tabou de la psychanalyse en économie. L'économie et la sexualité sont indissociables, de même que le substantivisme et le formalisme, dans l'élaboration d'une dimension personnelle.

L'anthropologie économique est de nature positive, elle s'appuie sur les données de terrain, mais en reconnaissant la personne, elle prend une valeur normative. La personne est universelle, elle est digne de respect quand elle satisfait à ses droits et à ses obligations.

En résumé, les apports de l'anthropologie économique sont les suivants, par rapport au sujet, aux valeurs, aux disciplines nécessaires. La personne, à cause de la responsabilité, est susceptible de fragilité et de souffrance. La personne complète l'identité sinon l'irrationalité supposée des individus. Elle possède une structure de capacités, parler, faire, s'imputer, narrer. La responsabilité qui est imputée à la personne peut être disproportionnée et la fragiliser.

La personne est plongée dans un monde d'obligations et de droits, elle est l' « être là ». Elle peut rationaliser sa responsabilité, mais dans les limites imparties par son milieu d'origine ; elle doit rester raisonnable, en fonction des autres. La personne est dans une relation plurivalente avec les autres. Son altruisme, son capital social, son utilité, sa responsabilité peuvent être positifs, neutres, négatifs. A l'inverse, elle peut être rejetée par son entourage tout en lui accordant un altruisme positif. Loin de l'hédonisme et du bien-être, elle rencontre prioritairement fragilité et souffrance. La souffrance n'est plus seulement physique, elle est de plus en plus morale, liée dialectiquement au type de production. Cette souffrance relève de la psychiatrie. Des facteurs interviennent : prise en compte du terrain, analyse des mentalités. La personne devient une norme et mérite protection, en tant que sujet d'une économie humaine. C'est la fonction de la résilience.

La littérature sur la résilience commence dans les années 1950 sur les facteurs de protection des enfants confrontés au risque et leur permettant de s'en sortir, par un mécanisme dit de « résilience » (Tisseron, 2007). Le risque de souffrir en économie, que connaissent les personnes vulnérables, doit donc être contrebalancé par un principe et des mécanismes de précaution, humains et sociaux. Le principe de précaution ne se borne pas à évaluer des risques. Il se heurte à la diversité des risques et des incertitudes, à divers types de soutenabilité[40], à une hiérarchie de problèmes. De nombreuses analyses peuvent renforcer la précaution : arbres de décision, arbres des valeurs, analyses multicritères, analyses de sensibilité, analyses par scenarii.

Le principe de précaution humain et social est actif : il faut accélérer les recherches sur les incertitudes, évaluer les dommages possibles et les solutions par des scénarii comparatifs. Il ouvre ainsi la voie à la responsabilité des experts et des institutions face à une incertitude sur le milieu social lui-même et ses réactions aux chocs. Par exemple, on sait que les capacités de réaction des personnes pauvres sont fragiles : allocations imbriquées du temps, transferts *inter vivos,* et dépendent du type d'altruisme pratiqué. Or, ces relations entre les politiques des experts et les destructions des milieux sociaux fragiles ne sont pas connues actuellement. Ce principe implique

---

[40] Dans le cas d'une soutenabilité faible, une résilience est possible ; par contre une soutenabilité forte ne peut donner lieu à résilience. Dans ce dernier cas, les décès, par exemple, sont irréversibles.

que si les études concluent à la fragilité des milieux sociaux, l'expert engage sa responsabilité pénale dans le cas où il aurait un pouvoir de décision important. Il faut évaluer les imputations, les parts de responsabilité *a priori*. Cette évaluation est une étape difficile. Elle rencontre des problèmes de hiérarchie et des chaînes de décision (exemples de l'épicier qui ferme suite à nos préférences pour la supérette, du cadre qui travaille tellement bien que son collaborateur devient inutile). Quels indicateurs de vulnérabilité ou de résilience ? Responsabilité directe ou indirecte ? Soutenabilité faible ou forte ? Crime passif ou actif ?

Les imputations sont à préciser *a priori* : quelle échelle des dommages ? La responsabilité *a priori* est fixée par l'éthique de la discussion. L'éthique de la discussion s'appuie sur la « perspective démocratique », c'est-à-dire sur la connaissance et le jugement, la perspective de la « complexité ». L'évaluation contingente est fondée sur la communauté locale et sa capacité à révéler la valeur, la disposition à une imputation. Il s'agit de recueillir le maximum de données qualitatives par l'enquête sur un petit groupe avec un modérateur sur les responsabilités, en essayant de trouver un consensus. Il existe à ce niveau un risque d' « épistémologie statistique » : la connaissance dépend alors de la tenue de l'enquête et de son indépendance vis-à-vis des jugements de valeur et de la « cuisine » du statisticien. En particulier, le classement par rang permet des résultats hasardeux en fonction des seuils établis.

Dans ses conférences, Lévi-Strauss rappelle que l'anthropologie doit répondre aux problèmes du monde moderne. Ses études sur la parentèle, par exemple, sont à rapprocher de l'analyse économique de la famille effectuée par des économistes tels que Robert Barro ou Gary Becker.

Le théorème de Barro (1974) fait l'hypothèse que les vieux protègent les jeunes « pied à pied » et que cela invalide les politiques macroéconomiques. Le théorème est très simpliste et demande des précisions sur les relations familiales, par exemple en remplaçant les vieux par les oncles maternels dans un système avunculaire. La question anthropologique, à savoir la question du sujet en économie, reste non traitée, malgré l'importance donnée à l'individu dans la microéconomie et, depuis 1990, à la personne support de capabilités dans le développement humain.

Cet ouvrage montre comment l'anthropologie économique complète l'individualisme et l'hédonisme, les deux piliers de l'éthique des choix selon Arrow.

En définitive, l'anthropologie économique favorise un retour à la personne en économie. Ce retour au sujet est d'autant plus important que le raisonnement par agrégats ou par classes sociales a montré ses limites, de même que le principe hédonistique. L'économie est un lieu non seulement de bonheur, mais aussi de malheur, de mal-être, conséquences de mauvaises politiques. Plus globalement, l'économie politique est au service de la personne et non la personne au service des agrégats. Les agrégats ne souffrent pas !

Bibliographie

Abel, O., 1997, « Justice et Mal », *La justice et le mal,* édité par A. Garapon et D. Salas, Paris, Odile Jacob.

Adler, A., 1949, *Connaissance de l'homme. Etude de caractérologie individuelle*, Paris, Collection Petite bibliothèque Payot, 2004.

Adorno, Th., 1978, *Dialectique négative*, Paris, Payot.

Akerlof, G.A, 1984, «The Market for Lemons, Quality Uncertainty and the Market Mechanism», *The Quaterly Journal of Economics*, 84, August.

Arendt, H, 1958, *Condition de l'homme moderne*, Paris, Agora.

Aristote, *Ethique à Nicomaque*, Paris, Garnier-Flammarion, 1965.

Arrow, K. J., 1963, *Social Choice and Individual Values*, 2nd edition, Yale U.P., Cowles Foundation.

Ballet, J, Bazin, D, 2006, *Positive Ethics in Economics*, London, Transaction Publishers.

Ballet, J., Bazin, D., Dubois, J-L., Mahieu, F.R, 2014, *Freedom, Responsibility, and the Economics of the Person*, London, Routledge.

Ballet, J., Mahieu, F.R., 2009, « Capabilité et capacité dans le développement. Repenser la question du sujet dans l'œuvre d'Amartya Sen », *Tiers Monde*, 198, 303-316.

Ballet, J., Mahieu, F.R., 2003, « Le capital social, mesure et incertitude du rendement », Ballet, J., Guillon, R., *Regards croisés sur le capital social*, Paris, L'Harmattan.

Ballet, J., Mahieu, F.R., 2001, « Entitlement Map and Social Capital as Capabilities indicators », Paper,

Justice and Poverty Colloquium, University of Cambridge, 5-7 June.
Bardhan, P., 1993, « Economics of Development and the Development of Economics, », *Journal of Economic Perspectives*, vol. 7, n°2,129-142.
Barro, R., 1974, « Are Government Bonds Net Wealth ? », *Journal of Political Economy*, vol. 82, n°6, 1095-1117.
Bataille, G., 1980, *La part maudite*, Paris, Les Éditions de Minuit.
Becker, G., 1974, « A Theory of Social Interactions. », *Journal of Political Economy*, vol. 82, n°6, 1063-1093.
Behar, R., 1997, « De la souffrance de l'individu à la souffrance de la société », *Communication*, Paris, Académie des Sciences Morales et Politiques.
Bhukuth, A., Mahieu, F.R, 2010, *Is a Liberal Justice Totalitarian? Cahiers de FREE*, n°1, http://www.ethique-economique.fr/uploaded/augendracompensation.pdf
Birnbaum, P., Leca, J., 1986, *Sur l'individualisme, théories et méthodes*, Paris, Presses de la Fondation nationale des sciences politiques.
Bormans, C., 2002, « Keynes et Freud. De la « vision » à la « révolution » keynésienne : l'hypothèse Freud », http://www.psychanaliste.paris.com/Keynes-et-Freud.html
Bourdieu, P., 1984, *Questions de sociologie*, Paris, Les Éditions de Minuit.
Bourdieu, P., 1982, *Ce que parler veut dire*, Paris, Fayard.
Bourdieu, P., 1977, « L'économie des échanges linguistiques », *Langue Française*, n° 34, mai, 17-34.
Brentano, F., 1874-1911, *Psychologie du point de vue empirique*, Vrin, « Bibliothèque des Textes Philosophiques », 2008.

Buchanan, J. M., 1975, « The Samaritan's dilemma », Phelps, E. S. ed., *Altruism, Morality and Economic Theory*, New York, Russel Sage Foundation, 71-75.

Clower, R., 1970, *Monetary Theory*, Baltimore, Penguin Books.

Cyrulnik, B., 2002, *Un merveilleux malheur*, Paris, Odile Jacob.

Dejours, C., 2009, *Souffrance en France, la banalisation de l'injustice sociale*, Paris, Editions du Seuil.

Dejours, C., 1993, *Travail : usure mentale. De la psychopathologie à la psychodynamique du travail*, Paris, Bayard.

Derrida, J, 1967, *L'écriture et la différence*, Paris, Editions du Seuil.

Dostaler, G., Maris, B., 2010, *Capitalisme et pulsion de mort*, Paris, Pluriel.

Dubar, C., 2000, *La crise des identités, l'interprétation d'une mutation*, Paris, PUF.

Dubois J-L., 2000, « Comment les politiques de lutte contre la pauvreté prennent-elles en compte les inégalités sexuées ? », *Genre, population et développement, les pays du Sud*, Th. Locoh (ed.), Dossiers et recherches de l'INED, n°85, Paris.

Dubois, J.L, Mahieu, F.R., 2009, «Sen, libertés et pratiques de développement», *Tiers Monde*, n° 198, 263-284.

Easterlin, R. 1974, « Does Economic Growth Improve the Human Lot ? », in David, A., Reder, M. W., *Nations and Households in Economic Growth : Essays in Honor of Moses Abramovitz*, New York, Academic Press.

Foot, P., 2014, *Le Bien naturel*, Genève, Labor et Fides.

Freud, S., 1915, «Pulsions et destins de pulsion», *Metapsychologie*, Paris, PUF.

Freud, S., 1930, *Le malaise dans la culture,* Paris, PUF.

Fromm, E., 1941, *Escape from Freedom*, New York, Editions Rinehart and Winston.

Gadamer, H.G., 1960, *Vérité et Méthode*, Paris, PUF.

Gastellu, J.M., 1984, *Le droit à l'économie poïétique*, Approche anthropologique et recherche économique à l'ORSTOM, journées d'étude, 13 et 14 décembre 1984, Collection Colloques et Séminaires, éditions de l'ORSTOM.

Geertz, C., 1996, *Ici et là-bas, l'anthropologue comme auteur*, Paris, Metai.

Godelier, M., 1974, *Un domaine contesté : l'anthropologie économique*, Paris, Mouton.

Godelier, M., 1965, *Rationalité et irrationalité en économie*, Paris, Maspero.

Goulet, D., 1965, *Etica del Desarrollo, Guia Teorica y Practica,* éditions Estela / IEPAL.

Groethuysen, B., 1953, *Anthropologie philosophique*, 1928-1931, Paris, Gallimard-Tel.

Guessaz, A., Suchère T., 2016, « L'anthropologie économique : un domaine qui reste à explorer », *Cahiers de Sociologie Economique et Culturelle*, Le Havre, Institut de Sociologie Economique et Culturelle.

Harsanyi, J.C, 1995, « A Theory of Prudential Value and a Rule Utilitarian Theory for Morality », *Social Choice and Welfare*, Vol. 12, 4, 319-335.

Harsanyi, J.C., 1955, « Cardinal Welfare, Individual Ethics and Intercomparison of Utility », *Journal of Political Economy*, August, 63, 309-321.

Hayek, F.A., 1960, *The Constitution of Liberty*, London, Routledge & Kegan.

Herskovits, M.J., 1941, « Anthropology and Economics, a Rejoinder », *Journal of Political Economy*, 49, April, 269-278.

Herskovits, M.J., 1965, *L'Afrique et les Africains. Le facteur humain dans l'Afrique en marche*, Paris, Payot.

Herskovits, M.J., 1952, *Economic Anthropology*, New York, Knopf.

Herskovits, M.J., 1952, *Les bases de l'anthropologie culturelle*, Paris, Payot.

Hicks, J., 1965, *Capital and Growth*, Oxford, Clarendon Press.

Hill, P., 1986, *Development Economics on Trial, the Anthropological Case for a Prosecution,* London, Cambridge University Press.

Hottois, G., Missa, J.N., 2001, (sous la dir.), *Nouvelle Encyclopédie de Bioéthique. Médecine-Environnement-Biotechnologie*, De Bœck Université.

Hugon, P., 2016, « Anthropologie et économie dans un contexte de globalisation », *L'anthropologie économique : un domaine qui reste à explorer*, Cahiers de sociologie économique et culturelle, n° 59-60, pp. 117-133, Le Havre, Institut de sociologie économique et culturelle.

Jonas, H., 1998, *Pour une éthique du futur*, Paris, Payot.

Jonas, H., 1979, *Le principe responsabilité : une éthique pour la civilisation technologique*, Paris, Editions du Cerf.

Kant, E., 1798, *Anthropologie du point de vue pragmatique*, Paris, Garnier-Flammarion.

Kant, E., 1797, *Métaphysique des mœurs,* Paris, Garnier-Flammarion.

Kelsen, H., 1996, *Théorie générale des normes*, Paris, PUF/Léviathan.

Kluckhohn, C., 1985, *Mirror for Man. The Relation of Anthropology to Modern Life*, University of Arizona Press, Tucson (1ère édition, 1949).

Kluckholn, C., 1951, *Initiation à l'anthropologie*, Bruxelles, Dessart, traduction française de *Mirror for Man*, 1949.

Knight, F.H., 1941, «Antropology and Economics», *Journal of Political Economy*, 49, April, 247- 268.
Koffi, B.A., 2001, *L'univers des noms et prénoms Baoulé en Côte d'Ivoire,* Abidjan, NEI.
Kolm, S.C., 1972, *Justice et équité*, Paris, Edition du CNRS.
Koulibaly, M., 1990, *Le libéralisme, nouveau départ pour l'Afrique noire*, Paris, L'Harmattan.
Laplantine, F., 1995, *L'anthropologie*, Paris, Payot.
Lebret, L, J., 1968, *L'économie au service des hommes*, Paris, Editions du Cerf.
Le Clair, E.M., Schneider, H.K., eds, 1968, *Economic Anthropology, Readings in Theory and Analysis*, New York, Rinehart and Winston.
Lévinas, E., 1989, *Le temps et l'autre*, Paris, Quadrige-PUF.
Lévinas, E., 1982, *Ethique et infini*, Paris, Fayard.
Lévinas, E., 1974, *Autrement qu'être, ou au-delà de l'essence*, La Haye, Nijhoff.
Lévinas, E., 1972, *Humanisme de l'autre homme*, Fata Morgana, réédition, Paris, Livre de Poche, 1990.
Lévi-Strauss, C., 2011, *L'anthropologie face aux problèmes du monde moderne*, Paris, Editions du Seuil.
Lévi-Strauss, C., 1973, *Anthropologie structurale, II*, Paris, Plon.
Lévi-Strauss, C., 1958, *Anthropologie structurale, Paris,* Plon.
Lévi-Strauss, C., 1950, «Introduction à l'œuvre de Marcel Mauss», Mauss, M., 1950, *Sociologie et anthropologie*, Paris, PUF.
Locke, J., 1632-1704, *Essai sur l'entendement humain*, réédition in Librairie Générale Française, Les classiques de la philosophie, Paris, Le livre de poche.
Mahieu, F.R., 2008, *Responsabilité et crime économique*, Paris, L'Harmattan.

Mahieu, F.R., 2001, *Ethique économique. Fondements anthropologiques,* Paris, L'Harmattan.
Mahieu, F.F., 1988, *Logique déductive et théorie économique*, Abidjan, PUSAF, Paris, L'Harmattan.
Mahieu, F.R., Odunfa, A., 1989, « Droits et obligations à Daoukro, Côte d'Ivoire », *Miméo*, Séminaire d'économie publique, Université d'Abidjan.
Mahieu, F.R., Suchère, T., edit, 2014, *Autour de l'anthropologie économique, actualité des écrits du professeur André Nicolaï*, Paris, L'Harmattan.
Mahieu, F.R., Zemmour, M., 2010, «Ethiques de la vertu et de la religion face au développement durable», *FREE*, Journée Ethique, juin,
http://ethique.perso.sfr.fr/zemourmahieu.pdf
Malinvaud, E., 1991, *Voies de la recherche macroéconomique*, Paris, Odile Jacob.
Marshall, A., 1890, *Principles of Economics*, London, McMillan.
Mauss, M., 1967, *Manuel d'ethnographie*, Paris, Payot.
Mauss, M., 1950, *Sociologie et anthropologie*, Paris, PUF, collection Quadriges.
Meillassoux, G., 1975, *Femmes, greniers et capitaux*, Paris, Maspero.
Merleau-Ponty, M., 2010, *Œuvres*, Paris, Gallimard, collection Quarto.
Michel, L., 1983, *Souvenirs et aventures de ma vie*, Paris, Maspero, réédition des *Mémoires.*
Mounier, E., 1971, *Le personnalisme*, Paris, PUF.
Myrdal, G., 1953, *The Political Element in the Development of Economic Theory*, London, Routledge & Kegan.
Nicolaï, A., 1974, «Anthropologie des économistes», *Revue Economique,* n°4, 578-610.

Nicolaï, A., 1960, *Comportement économique et structures sociales*, Paris, L'Harmattan, réédition, 1999.

Nietzsche, F., 1994, *Généalogie de la Morale,* Paris, Essais-Folio.

Parfit, D., 1984, *Reasons and Persons*, Oxford, Clarendon Press.

Paulme, D., 1976, *La mère dévorante, essai sur la morphologie des contes africains,* Paris, Tel, Gallimard.

Popper, K.R., 1945, *The Open Society and its Ennemies*, London 1945, Princeton, Princeton U. Press.

Quine, W.V.O., 1972, *Méthodes de logique*, Paris, Armand Colin, Coll. U.

Rawls, J., 1971, *Theory of Justice*, Oxford U. Press.

Reich, W., 1946, *La psychologie de masse du fascisme*, Paris, Payot.

Ricoeur, P., 2013, *Le conflit des interprétations. Essais d'herméneutique*, Paris, Points-Essais, Editions du Seuil.

Ricoeur, P., 2004, *Parcours de la reconnaissance*, Paris, Stock.

Ricoeur, P., 1995, *Le Juste*, Paris, Esprit.

Ricoeur, P., 1994, « La souffrance n'est pas douleur », *Autrement*, série mutations, n° 142, 58- 69.

Ricoeur, P., 1990, « Prévision économique et choix éthique », *Histoire et Vérité*, Paris, Editions du Seuil.

Ricoeur, P., 1988, *Finitude et capabilité*, Paris, Editions du Seuil.

Ricoeur, P., 1983, *Temps et récits I*, Paris, Editions du Seuil.

Ricoeur, P., 1960, *Philosophie de la volonté 2, Finitude et culpabilité, l'homme faillible*, Paris, Aubier.

Roemer, J., 1996, *Egalitarian Perspectives, Essays in Philosophical Economics*, Cambridge (UK), Cambridge U. Press.

Roheim, G., 1978, *Psychanalyse et anthropologie: culture, personnalité, inconscient*, Paris, Gallimard.

Rousseau, J.J., 1755, «Discours sur l'économie politique», *Ecrits politiques*, Paris, Livre de Poche, 1992.

Sahlins, M., 1972, *Age de pierre, âge d'abondance : l'économie des sociétés primitives*, Paris, Gallimard.

Sartre, J.P., 1960, *Critique de la raison dialectique*, collection Bibliothèque des Idées, Gallimard.

Sen, A.K., 2005, *La démocratie des autres*, Paris, Payot.

Sen, A.K., 1993, *Ethique et économie*, Paris, PUF.

Sen, A. K., 1989, *Commodities and Capabilities*, Oxford India Paperbacks.

Sen, A.K., 1977, «Rational Fools: A Critique of the Behavioural Foundations of Economic Theory», *Philosophy and Public Affairs*, 6, 317- 344.

Sen, A.K., 1974, « Choice, Ordering and Morality », in Körner (ed.) *Practical Reason*, Oxford, Basil Blackwell.

Sen, A.K., 1970, *Collective Choice and Social Welfare*, Advanced Text Books in Economics, North Holland, reedit.1979.

Shackle, G., 1949, *Expectations in Economics*, Cambridge University Press.

Singer, P., 1997, *Questions d'éthique pratique*, Paris, Bayard.

Smith, A., 1759, *Théorie des sentiments moraux*, Paris, Quadrige-PUF, 1999.

Stigler, J.E., Becker, G.S., 1977, « De gustibus non est disputandum », *American Economic Review*, Vol. 67, 76-90.

Spencer, H., 1891, *The Principles of Ethics*, réedit. Liberty Classics, Indianapolis.

Sraffa, P., 1970, *Production de marchandises par des marchandises*, Paris, Dunod.
Suppes, P, 1966, « Some Models of Grading Principles », *Synthèse*,16, 184-306.
Terray, E., 1969, *Le marxisme devant les sociétés primitives*, Paris, Maspero.
Tisseron, S., 2007, *La résilience*, Paris, Que sais-je ? PUF.
Tolstoï, L., 1892, « A propos du recensement de Moscou », réédité dans *L'argent et le travail*, Paris, Editions des Syrtes, 2007.
Varian, H.R, 1974, « Equity, Envy and Efficiency », *Journal of Economic Theory*, n° 9, 63-91.
Vacher de Lapouge de, G. 1897, « The Fundamentals Laws of Anthropology », *Journal of Political Economy*, 54- 92.
Veblen, T, 1899, *Théorie de la classe de loisirs*, Paris, Tel/ Gallimard.
Von Mises, L., 1949, *Human Action, A treatise on Economics*, London, W.Hodge & co., traduction française, *L'action humaine*, Paris, PUF, 1985.
Walzer, M., 1983, *Spheres of Justice*, London, Basic Books.
Watsuji, T., 2003, « La signification de l'éthique en tant qu'étude de l'être humain », *Philosophie,* n° 79.
Weber, F. 2015, *Brève histoire de l'anthropologie*, Paris, Flammarion, Champs : Essais.
Weber, M., 1992, *Essais sur la théorie de la science*, Paris, Agora.

Figures

TABLE DES MATIÈRES

Autres titres de la collection

Ethique Economique

Dirigée par François Régis Mahieu

Ali TOUSSI, *Le taux d'intérêt dans un système financier islamique*, 2010.

Ali TOUSSI, *La banque dans un système financier islamique*, 2010.

Jean CARTIER-BRESSON, *Economie politique de la corruption et de la gouvernance*, 2008.

Réseau IMPACT, *Repenser l'action collective. Une approche par les capabilités*, 2008.

Laurent PARROT (coord.), *Agricultures et développement urbain en Afrique subsaharienne. Gouvernance et approvisionnement des villes*, 2008.

Laurent PARROT (coord.), *Agricultures et développement urbain en Afrique subsaharienne. Environnement et enjeux sanitaires*, 2008.

Samir ZEMMOUR, *Vers une certification de qualité halal ?*, 2007.

Samir ZEMMOUR, *Le marché de la viande Halal : évolutions, enjeux et perspectives,* 2006.

Jérôme BALLET, Katia RADJA, *Le capital social en action*, 2005.

J. BALLET, J.-L. DUBOIS, F.-R. MAHIEU, *L'autre développement*, 2005.

J.P. MINVIELLE et A. LAILLER, *Les politiques de sécurité alimentaire au Sénégal depuis l'indépendance*, 2005.

Roland GUILLON, *Les tensions sur l'activité en Afrique de l'ouest. Une apporche comparative Nord-Sud,* 2003.

Jérôme BALLET, Roland GUILLON, *Regards croisés sur le capital social*, 2003.

L'HARMATTAN ITALIA
Via Degli Artisti 15; 10124 Torino
harmattan.italia@gmail.com

L'HARMATTAN HONGRIE
Könyvesbolt ; Kossuth L. u. 14-16
1053 Budapest

L'HARMATTAN KINSHASA
185, avenue Nyangwe
Commune de Lingwala
Kinshasa, R.D. Congo
(00243) 998697603 ou (00243) 999229662

L'HARMATTAN CONGO
67, av. E. P. Lumumba
Bât. – Congo Pharmacie (Bib. Nat.)
BP2874 Brazzaville
harmattan.congo@yahoo.fr

L'HARMATTAN GUINÉE
Almamya Rue KA 028, en face
du restaurant Le Cèdre
OKB agency BP 3470 Conakry
(00224) 657 20 85 08 / 664 28 91 96
harmattanguinee@yahoo.fr

L'HARMATTAN MALI
Rue 73, Porte 536, Niamakoro,
Cité Unicef, Bamako
Tél. 00 (223) 20205724 / +(223) 76378082
poudiougopaul@yahoo.fr
pp.harmattan@gmail.com

L'HARMATTAN CAMEROUN
BP 11486
Face à la SNI, immeuble Don Bosco
Yaoundé
(00237) 99 76 61 66
harmattancam@yahoo.fr

L'HARMATTAN CÔTE D'IVOIRE
Résidence Karl / cité des arts
Abidjan-Cocody 03 BP 1588 Abidjan 03
(00225) 05 77 87 31
etien_nda@yahoo.fr

L'HARMATTAN BURKINA
Penou Achille Some
Ouagadougou
(+226) 70 26 88 27

L'HARMATTAN SÉNÉGAL
10 VDN en face Mermoz, après le pont de Fann
BP 45034 Dakar Fann
33 825 98 58 / 33 860 9858
senharmattan@gmail.com / senlibraire@gmail.com
www.harmattansenegal.com

L'HARMATTAN BÉNIN
ISOR-BENIN
01 BP 359 COTONOU-RP
Quartier Gbèdjromèdé,
Rue Agbélenco, Lot 1247 I
Tél : 00 229 21 32 53 79
christian_dablaka123@yahoo.fr

Achevé d'imprimer par Corlet Numérique - 14110 Condé-sur-Noireau
N° d'Imprimeur : 133776 - Dépôt légal : novembre 2016 - *Imprimé en France*

www.ingramcontent.com/pod-product-compliance
Lightning Source LLC
LaVergne TN
LVHW010022081026
849535LV00016B/2921
9782343104812